U0902339

信贷约束下房价泡沫的货币政策传导机制研究

Research on the Monetary Transmission Mechanism on Housing Price Bubbles with Collateral Constraints

杨秋怡　著

中国社会科学出版社

图书在版编目（CIP）数据

信贷约束下房价泡沫的货币政策传导机制研究/杨秋怡著．—北京：中国社会科学出版社，2023.6

ISBN 978-7-5227-2059-3

Ⅰ.①信… Ⅱ.①杨… Ⅲ.①城市—房价—研究—中国 Ⅳ.①F299.233.5

中国国家版本馆 CIP 数据核字(2023)第 106974 号

出 版 人　赵剑英
责任编辑　李庆红
责任校对　杨　林
责任印制　王　超

出　　版　中国社会科学出版社
社　　址　北京鼓楼西大街甲 158 号
邮　　编　100720
网　　址　http://www.csspw.cn
发 行 部　010-84083685
门 市 部　010-84029450
经　　销　新华书店及其他书店

印　　刷　北京君升印刷有限公司
装　　订　廊坊市广阳区广增装订厂
版　　次　2023 年 6 月第 1 版
印　　次　2023 年 6 月第 1 次印刷

开　　本　710×1000　1/16
印　　张　12
插　　页　2
字　　数　171 千字
定　　价　68.00 元

出 版 说 明

为进一步加大对哲学社会科学领域青年人才扶持力度，促进优秀青年学者更快更好成长，国家社科基金 2019 年起设立博士论文出版项目，重点资助学术基础扎实、具有创新意识和发展潜力的青年学者。每年评选一次。2021 年经组织申报、专家评审、社会公示，评选出第三批博士论文项目。按照“统一标识、统一封面、统一版式、统一标准”的总体要求，现予出版，以飨读者。

全国哲学社会科学工作办公室

2022 年

摘　　要

一　研究的目的、意义及方法

1. 研究目的和意义

货币政策是否应当对泡沫进行反应、中央银行应当怎样对资产价格的剧烈波动进行调控，长期以来无论是理论模型还是实际经验始终未能给出明确定论。2008 年，由金融体系的顺周期性即金融部门与实体经济间的正向反馈机制引燃的美国次贷危机，让资产泡沫及怎样防范其衍生的系统性金融风险再次成为人们关注的焦点。国际金融大危机后，以美联储为首的发达经济体中央银行，为了挽救金融市场流动性、重新提振经济，不得不相继推出史无前例的量化宽松甚至负利率政策。毋庸置疑，这些非常规性政策很好地帮助人们摆脱了危机的阴霾、促进了实体经济复苏，但与此同时带来的副作用——房地产价格泡沫激增，也迫使各国央行急于加息缩表、渐进退出非常规的危机应对模式。

泡沫是一个古老却一直备受关注的难题。史上著名的 17 世纪的“荷兰郁金香狂热”和 18 世纪的“南海泡沫”见证了资产价格的大起大落（Kindleberger and Aliber，2011），1929—1933 年灾难深重的“大萧条”紧随 20 世纪 20 年代的美国股市大繁荣之后而来，20 世纪 80 年代末，日本泡沫经济破灭后陷入“失落的二十年”（Okina and Shiratsuka，2002）。相似的事件不断重演，80 年代初振奋人心的拉丁美洲信贷繁荣后不久便迎来债务危机（Herrera and García，

1998），1997 年爆发的亚洲金融危机和 2008 年的次贷风暴接踵而来（Senhadji and Collyns, 2002; Reinhart and Rogoff, 2008），一次比一次动荡，一次比一次影响深远。虽然经济全球化通过更加深入的国际分工、更加自由的贸易和资本流动、更加开放透明的金融市场提高了资源配置效率，但是伴随着不断创新、纷繁复杂的信息网络和金融系统，资金在全球范围内的迅速流动使资产价格频繁波动、易涨易落。金融市场越来越不稳定，金融危机随时可能突然爆发，宏观经济政策的制定面临愈加严峻的挑战。

价格稳定是金融稳定的基石。包括股票、债券、房产、外汇等资产的价格之所以不稳定，源自现实中的交易市场涉及错综复杂的心理博弈、买卖双方对价格走势的估计时信息不完全和不对称（Brunnermeier, 2001），巨大的不确定性下，瞬息万变的市场信号非常容易被投资者误读，导致资金错配。更可怕的是，投资者的误判只有在交易结束一段时间，经济状况发生转折时方才显露。当资产价格上升到人们难以接受的程度时，突然的暴跌也“滚雪球”般给投资者带来连带损失。因此，即使监管机构高度完备健全、中央银行掌握广泛透明的信息来源，人们还是常常在资产泡沫崩塌之后才幡然悔悟（Mishkin and White, 2002）。由于货币政策的微小调整对金融市场乃至整体经济都产生牵一发而动全身的广泛影响，面对高度波动的资产价格体系，中央银行无法做到对某一类资产价格单独反应。再加上各种资产价格波动的根源千差万别，全局控制更是非常困难，也不好操作。政策干预如若莽撞刺破泡沫，将产生更加深远的金融动荡。

不可否认，一定条件下温和的物价和资产泡沫是有益于经济的。它可以起到刺激消费和投资、促进资本积累、拉动经济增长的良性作用。资产价格上升作为经济利好的信号影响居民和企业的支出决策。对消费者而言，资产价格上升会产生财富效应，增加个人资产价值和财产禀赋。财富增加的乐观预期通过居民的跨期平滑行为刺激消费，更加殷实的财富基础也给微观个体的优良信誉提供可靠担保，降低了他们的贷款成本。因此，居民的财务状况得以改善，信贷水平提高。对生产部门来说，考虑金融市场的信贷传导，温和的资产泡沫给贷款受限的小微企业拓宽融资渠道，通过实现资金由低效企业向高产企业转移，改善资金配置效率，进一步推动投资和产出增长。但是，随着泡沫积累到一定程度，这些积极的刺激效应很快就会发生逆转，产生全局性的广泛危害。在价格上扬抬高居民手中财富的同时，过度膨胀的市场信心容易积累过多债务，引起资源禀赋和消费水平的扭曲和错配。通过增加资本的市场价值相对于其重置成本的比率，资产泡沫的膨胀增加托宾 q 值（Tobin，1982），通过不断向市场注入流动性促进资产需求。信贷市场上抵押资产的价值的放大放松了投资者的外部融资约束，相对更低的资本成本驱使企业增产扩容，增加金融市场的系统性风险。由于社会整体投资和消费规模的过度扩张，实体经济很快出现过热，通货膨胀不断攀升。为了控制通货膨胀，货币政策和银行信贷不得不转而收紧。失衡的金融市场下，虚高的资产价格最终会带来风险和担忧，悲观预期日益积累。当市场上绝大多数投资者产生恐慌心理时，竞相抛售资产的后果必然是资产价格一落千丈，泡沫终将破灭。一旦泡沫破灭，随即产生的流动性风险又给商业银行带来巨大危机：由于商业银行的负债业务以短期存款为主，而资产方中长期贷款占多，即使是原来资产负债表十分稳固的银行也很难做到在大范围的挤兑中不受损失。除此之外，随着泡沫的暴跌和信贷的收缩，资不抵债的中产阶级和低收入者很有可能因为无力偿还贷款而受到沉重打击，甚至走向破产。相对来说，拥有信息和资金优势的资产大亨们则更有可能抢占时机先一步退出市场，在价格下跌时大发横财。结果，收入和财富分配差距进一步拉大，破坏社会稳定和长期经济增长。

在信贷环境普遍不够完善的大背景下，股票市场、房地产市场等重要资本市场呈现出较为剧烈的波动。各国政府在管理资产泡沫的扩张时是否应当加强政策干预？提升利率的紧缩性政策措施能否有效压制泡沫、平息经济下行中产生的阵痛？经济过热时收紧利率早已在理论上受到了主流宏观经济学的维护和推崇，在实际政策制定中多年以来决策者也坚定践行着加强金融市场的监管和干预这一主张。尽管如此，世界各国的经验事实不断证明，紧缩的货币政策在很多情况下反而推升了资产价格的上升、催使泡沫膨胀，引起了人们的担忧。

近年来，为调控日益攀升和居高不下的房价，防止房地产泡沫化，我国采取了一系列针对性强、执行力度大的政策举措，包括限购限贷措施、严格的去杠杆行动、不断收紧的货币政策调控等，但其实效性仍不尽如意。房地产泡沫难以捕捉、难以度量、难以管控的本质特性本就给货币政策带来诸多难题，房地产市场与实体经济的交织更是给楼市泡沫的治理增加难度。除此以外，为什么严苛的信贷环境下紧缩的货币政策无法扭转目前的不良态势？中央银行是否应当对资产价格波动直接反应，将其纳入政策反应函数中？还是应当盯住通胀和经济增长的最终目标，对泡沫持观望态度？在目前市场供需结构不平衡、经济增长方式存在结构性问题的大环境下金融监管机构应当在调控房价泡沫方面扮演怎样的角色？究其根本，政府如何有效阻止其无限蔓延？过去十余年来，房地产市场上的过度建设和投资项目的过度扩张导致中国迅速积聚了难以为继的信贷规模，导致矛盾重重的复杂局面。房价不断飙升的同时伴随着大量住房库存闲置；农村人口大量非自愿迁移到城市的同时，城镇家庭债务却快速膨胀；从宏观层面上，政府债务已经上升到难以置信的规模伴随着金融市场潜藏的大量漏洞与风险等。

本书旨在从这些问题出发，深入考察中国金融市场所面临的关键挑战，探究为什么紧缩的利率政策与严格的资本管控这两项本应配合默契的政策措施没能解决这些持续已久的社会问题的深层原因，并提出有针对性的政策建议以指引金融市场的稳定健康发展。这对于当前正处在逐步升级的贸易战争的巨大压力下的中国经济以及存在类似问题的其他发展中国家来说具有十分重要的现实意义。

2. 研究方法

研究假设“不完善的信贷市场环境（即存在信贷摩擦）下，紧缩的货币政策不仅对楼市调控失效，反而还刺激房价泡沫扩张”。本书落脚于近年来去杠杆和加息政策下房地产市场上愈演愈烈的价格泡沫这一关乎民生的政策难题，提出造成此异常现象的可能原因，并给出有根据的推测和解释。针对“房地产价格泡沫”“货币政策传导”“信贷抵押约束”这三大主要研究对象，本书总结房价泡沫的形成原因、货币政策的应对之策以及以抵押贷款约束为代表的金融摩擦在货币政策对泡沫的传导机制中起到的关键作用。实证分析验证该研究假设。

实证分析中，为检验研究假设与现实经济的契合程度，本书进一步分析特征事实，首先基于状态空间模型对中国的房价泡沫进行测度，再运用中国宏观经济时间序列，对我国货币政策对房地产泡沫的影响分别进行常系数和时变系数向量自回归模型的实证研究。借助统计工具和计量方法，本书将中国经济的特征事实纳入研究框架，用实际数据检验研究假设，也为后面抵押约束下货币政策对房价泡沫传导机制的一般均衡理论的逻辑机制推演做准备，为结论和政策建议提供更加坚实的根据。

理论模型中，在特征事实、实证证据对研究假设进行验证后，本书对动态随机一般均衡模型（Dynamic Stochastic General Equilibrium Model）和信贷市场上的金融摩擦（Financial Frictions）的理论基础与框架进行系统性梳理，并进行理论建模，建立了一个融资过程受到贷款抵押约束的世代交叠模型，并将房地产市场上的泡沫引入模型代表性家庭的交易中，以完整讨论理论传导机制。通过建立消费者跨期最优决策函数，本书推导证明得出稳态泡沫均衡的唯一存在性，对结论进行数理证明，并进行“抵押品机制”和“收益率机制”的机制分解，做比较静态分析。借助符合中国实际和经济理论的参数校准，本书进一步对完整构建的一般均衡理论模型进行数值模拟和估计，得到脉冲响应分析的动态结果，在理论上系统性地阐释了完整的货币政策对房地产价格泡沫的传导机制，并讨论信贷市场上的金融摩擦在此传导机制中扮演的角色和造成的影响。

二　成果的主要内容与重要观点

本书研究得出的中心论点是：考虑到信贷约束中的抵押品机制，如果投资者的融资渠道受到更加严格的限制，那么紧缩性的货币政策（利率上升）对理性房地产价格泡沫的扩张作用被进一步加强与放大。这一推断的逻辑解释如下所述：对于不具备生产性功能的投机性房地产泡沫，他们进入资本市场时可作为抵押资产的一部分供持有者担保给金融中介机构并筹得贷款。根据标准的资产定价理论，这些没有内在价值的泡沫资产不产生实际收益，由投资者情绪所推动，因此随市场回报率增加而扩张（称作“收益率机制”）。除了住房资产可供抵押，微观个体同时持有生产性企业的分红资产并运用其抵押贷款，这里本书称其为“物质抵押资产”。这样，泡沫抵押资产和物质抵押资产共同构成抵押资产池子，可供本书模型中的代表性投资者向银行抵押获得贷款，以满足流动性需求。在激烈的去杠杆行动下，信贷条件收紧，投资者受到融资约束的制约，承受流动性压力。此时，如果货币当局宣布采取紧缩性的货币政策，随利率上升相应增加的生产成本降低资本积累的速度、减缓生产，使得普通可抵押资产的社会总价值收缩。因此，当投资者受到紧的信贷约束的制约，无法以现有的物质抵押资产借到足够的资金时，将自发替代性地更多持有泡沫抵押资产以缓解流动性短缺，而房地产泡沫由于自身附带的可抵押特性而进一步升值。

三　成果的学术创新与贡献

本书研究的主要贡献和创新之处主要在于：从贷款抵押约束的角度研究了货币政策对房地产价格泡沫的传导机制，全面深入地分析了加息和去杠杆这样一种紧缩政策的组合所产生的政策效果，并对当前政策为何一直未能解决的房地产泡沫这一困惑找到可能的解释。

第一，理论上，面对中国金融市场上激烈的去杠杆举措和收紧的货币政策下反而不断膨胀的资产泡沫和持续恶化的贷款环境，构建一般均衡的世代交叠（Over-lapping Generation，即 OLG）模型，试图解释各种严厉的房地产调控政策为何没能成功控制泡沫这一政策难题。

在众多致力于解决如何治理房产泡沫这一政策难题的研究中，针对以“加息”+“去杠杆”为特征的双重紧缩措施所产生的复合效应，之前的学者很少进行全面系统性的研究。本书以投资者贷款抵押组合中的住房泡沫资产的可担保性作为研究重点，仔细分析货币政策对泡沫的传导路径中抵押机制发挥的作用，探究市场利率变化对经济产生的影响。虽然目前有关资产价格的货币政策传导机制的研究不计其数，但是对于“抵押贷款融资”这一泡沫资产的核心职能的研究并不充分。本书采用货币政策和资本市场的研究中应用广泛的新凯恩斯框架，以便更加契合房地产市场的现实运作，更加全面地分析世代交叠的家庭在进行购房决策时所需考虑的综合影响。

第二，本书也对此前奠基性的先驱理论研究试图做出若干有意义的延伸。在对模型的扩展上：一是在资本市场的交易中，本书对 Farhi and Tirole（2011）中只有企业家可以持有泡沫资产这一假设进行扩展，允许普通劳动者持有泡沫资产，扩大了泡沫的交易群体。考虑到当前全国房价平稳上涨、全民买房的现实背景，所有投资者共同参与房地产泡沫资产的交易更加符合中国的经济现实。二是针对 Martin and Ventura（2012，2016）提出的泡沫扩张对资本积累的挤出作用（Crowd-out Effect），本书通过将新增的“抵押品机制”与原生的“利率机制”进行分解，对其提供有力的理论支撑，直观地展示以信贷约束为代表形式的金融摩擦对泡沫扩张产生的放大作用，深入分析房地产泡沫的增长（房价不断攀升、越调越高）和生产过程中资本积累的放缓（具体表现为实体企业的增长放缓、高生产效率企业纷纷倒闭）这两种机制如何相辅相成、互相促进。三是包括 Wang and Wen（2012）；Miao and Wang（2012，2018）在内以无限期模型为理论框架的研究关注了产生实际分红的股票市场泡沫对投资和资本重新配置的影响。本书借鉴他们的思想，将研究主体聚焦在世代交叠的经济个体用作储值手段的纯泡沫类型的资产。

第三，大多数研究房地产泡沫与货币政策的学者将分析重点集中于美国市场（Poterbaetal，1991；Iacoviello，2005；Brunnermeier and Julliard 2008；Genesove and Han，2012），对目前有巨大发展潜力的中国经济尚未深入挖掘。本书利用中国宏观经济时间序列数据，对中国货币政策对房地产市场泡沫的影响进行了详细的实证分析。鉴于大规模的楼市资产证券化和积聚已久的贷款者流动性压力已经引起了政界、学界的高度关注和社会公众的广泛议论，本书提供逻辑自洽、数据支持的可能性解释：融资受限的微观个体在举“债”维艰的背景下又受到了“加息”这一负向的货币政策冲击，在自身生产放缓无法缓解流动性需求的情况下被迫转向房地产市场依靠“房价泡沫”获得额外流动性以解决债务问题。这一结论对中国金融市场的长期可持续发展具有重要的指导意义。

关键词： 房价泡沫　货币政策　信贷约束　金融摩擦　动态随机一般均衡理论

Abstract

I. The aim, significance and methods of the research

1. The aim and significance of the research

Whether or not the monetary policy should respond to bubbles and how the central bank should regulate the sharp fluctuations in asset prices have long been inconclusive either from theoretical models or from practical experience. In 2008, the US subprime mortgage crisis triggered by the pro-cyclicality of the financial system, that is, the positive feedback mechanism between the financial sector and the real economy, made asset bubbles and how to prevent systemic financial risks derived from them once again come back to the spotlight. After the international financial crisis, the central banks in developed economies, headed by the Federal Reserve, had to launch unprecedented quantitative easing and even negative interest rate policies in order to inject the liquidity into the financial market and re-boost the economy. Undoubtedly, these unconventional policies have helped people step out of the haze of the crisis and helped the real economy recover, but at the same time, the side effects brought about by the surge in real estate price bubbles have also forced central banks to rush to raise interest rates in order to shrink balance sheets and gradually exit unconventional crisis response models.

Bubble is an old but constant concern. In history, the Tulip Mania in the 17th century and the South Sea Bubble in 1720 witnessed the rise and fall of asset bubbles (Kindleberger and Aliber, 2011). The Great Depression between 1929 and 1933 caused far-reaching damage, after the stock market boom in the 1920s. In the late 1980s, Japan fell into the lost decade after the pre-bubble era (Okina and Shiratsuka, 2002). Similar events repeated in history. Debt crisis came soon after the Latin American credit boom of the early 1980s (Herrera and García, 1998). The Asian financial crisis broke out in 1997 and the subprime crisis in 2008 came one after another (Senhadji and Collyns, 2002; Reinhart and Rogoff, 2008), each more intense and influential than the other. Economic globalization has improved resource allocation efficiency through deep international specialization, free trade and free capital flows. At the same time, the transparent financial markets and rapid movement of capital around the world, accompanied by complex information networks and frequent financial systems, drive asset prices to rise and fall acutely. Financial markets are becoming more and more unstable, financial crises may break out suddenly at any time, and the macroeconomic policy-making is facing more and more severe challenges.

Price stability is the cornerstone of financial stability. The reason why the prices of assets, including stocks, bonds, real estate, and foreign exchange, are unstable, stems from the reality that the trading market involves an intricate psychological game, as well as incomplete and asymmetric information between buyers and sellers in estimating price movements (Brunnermeier, 2001). With great uncertainty, rapidly changing market signals are easily misinterpreted by investors, leading to capital misallocation. Even more frightening, the misjudgments of investors only come to light when the trade ends after a time, when the economic conditions undergo a change. When asset prices rise to unacceptable levels, sudden plunges also snowball into collateral damages. As a result, even the regulator is highly complete and sound, and the central bank owns extensive and transparent sources of information, people often see the problem only after the asset bubble has collapsed (Mishkin and White, 2002) . Since small adjustments in monetary policy have a broad impact on financial markets and the economy as a whole, central banks cannot react separately to a particular type of asset price in face of a highly volatile asset price system. In addition, the root causes of various asset price fluctuations are very different, and a global regulation is very difficult to operate. What is more, policy interventions that recklessly burst the bubble will produce more far-reaching financial turmoil.

There is no denying that moderate inflation and asset bubbles under certain conditions are beneficial to the economy. It can play a benign role in stimulating consumption and investment, promoting capital accumulation and boosting economic growth.

Rising asset prices influence the spending decisions of residents and businesses with a favorable economic signal. For consumers, rising asset prices have a wealth effect, increasing individual asset values and property endowments. Optimistic expectations of increased wealth stimulate consumption through residents' inter-temporal smoothing behavior, and a stronger wealth endowment also provides reliable guarantees of micro-individuals' excellent creditworthiness, reducing their loan costs. As a result, the financial situation of the households improves and the level of credit increases. For the productive sector, considering the credit transmission in financial markets, the moderate asset bubble expands the financing channels of loan-constrained micro and small enterprises, improving the efficiency of capital allocation by realizing the transfer of funds from inefficient to high-producing enterprises, further boosting investment and output growth. However, as bubbles accumulate to a certain level, these positive stimulus effects can soon be reversed, producing extensive damage. While rising prices raise residents' wealth, overinflated market confidence tends to accumulate excessive debt, causing distortions and mismatches in resource endowments and consumption levels. By increasing the ratio of the market value of capital to its replacement cost, the inflation of asset bubbles increases Tobin′s q (Tobin, 1982) and boosts asset demand by continuously injecting liquidity into the market.

The amplification of the collateralized assets value in the credit market relax investors' external financing constraints, and the relatively lower costs of capital drive firms to expand production and capacity, increasing systemic risk in the financial markets. As a result of the excessive expansion of overall social investment and consumption, the real economy soon becomes overheated and the inflation kept climbing. In order to control inflation, monetary policy and credit policy have to tighten. In an imbalanced financial market, inflated asset prices eventually induce risks and concerns, and pessimistic expectations increasingly accumulate. When the majority of investors in the market panic seriously, the consequences of the race to sell assets are bound to be the falling of asset prices, and the bubble will eventually burst. Once the bubble burst, the ensuing liquidity risk brought a huge crisis to commercial banks: As the liabilities of commercial banks are mainly short-term deposits, while the assets of the long-term loans account for most, even big banks are difficult to survive. In addition, with the bubble burst and credit contraction, the insolvent middle-class and low-income people are more likely to take a beating since they are unable to repay their loans and even go bankrupt. In contrast, the property tycoons with information and capital advantages are more likely to seize the opportunity to exit the market first and make a fortune when prices fall. As a result, the income and wealth distribution gap widens further, undermining social stability and long-term economic growth.

Under a generally imperfect credit environment, essential capital markets such as stock and real estate markets present more dramatic volatility. Should governments intensify their policy interventions in managing the expansion of asset bubbles? Will tighter policy measures to raise interest rates be effective in suppressing bubbles and calming the pain of economic downturns? Tighter interest rates in an overheated economy have long been theoretically defended and promoted by mainstream macroeconomics, and policymakers have been firmly committed to strengthening regulation and intervention in financial markets for years in actual policy making. Nonetheless, empirical evidence around the world has consistently demonstrated that tight monetary policy has in many cases pushed up asset prices and inflated bubbles, raising many concerns.

In recent years, in order to manage the rising housing prices and regulate real estate bubbles, China has taken a series of highly targeted and vigorous policy initiatives, including purchase limits and loan restrictions, active deleveraging movements, and tightening monetary policy regulation, yet the policy effectiveness is still not satisfactory. The nature of real estate bubbles that they are difficult to capture, difficult to measure, and difficult to control, brings monetary policy a lot of difficulties. And the intertwined condition of the real estate market and the real economy brings more difficult for the governance of the property bubble. In addition, why is the tight monetary policy in the harsh credit environment unable to reverse the constant bad situation? Should central banks react directly to asset price fluctuations by considering them in the policy reaction function? Or should they keep their eyes on the ultimate goal of inflation and economic growth and take a wait-and-see attitude to bubbles? What role should financial regulators play in regulating housing price bubbles in the current environment of imbalanced market supply and demand structures and structural problems in economic growth patterns? At its most basic level, how can the government effectively stop its infinite spread? Over the past decade, excessive construction and investment projects in the real estate market have led to a rapid accumulation of unsustainable credit in China, leading to complex situations. Soaring housing prices have been accompanied by a large amount of unused housing stock. A large involuntary migration of the rural population to the cities has been accompanied by a rapid expansion of urban household debt, and at the macro level, government debt has risen to an unbelievable size accompanied by a large number of loopholes and risks lurking in the financial markets.

This book starts with the above questions, aiming to examine in depth the key challenges China′s financial markets are facing, and to explore the underlying reasons why tight interest rate policies and strict capital controls, two policy measures that should work well together, have failed to solve these long-standing social problems. It also proposes targeted policy recommendations to guide the stable and healthy development of financial markets. This is of great significance to China's economy, which is under enormous pressure from an escalating trade war, and to other developing countries with similar problems.

2. Research methods

This study hypothesizes that "under an imperfect credit market environment (i. e. , the existence of credit frictions), tight monetary policy not only fails to regulate the real estate market, but also stimulates the expansion of housing price bubbles" . The book focuses on a policy dilemma concerning people's livelihoods, which is the growing price bubbles in the real estate market under the deleveraging movement and interest rate raising in recent years, and proposes possible reasons for this abnormal occurrence, with well-founded speculations and explanations. Addressing the three main research objects of the "property price bubble", "monetary policy transmission" and "credit mortgage constraints", this book summarizes the causes of the formation of the housing price bubbles, the response of monetary policy, and the key role of the financial friction represented by mortgages in the transmission mechanism of the bubble. The empirical analysis verifies the hypothesis.

In the empirical analysis, in order to test the compatibility of the research hypothesis with the real economy, this book further analyzes the characteristic facts. Firstly, it measures the house price bubbles in China based on the State Space Model, and then conducts an empirical study of the impact of monetary policy on the real estate bubbles in China using China's macroeconomic time series with constant coefficients and Time-varying coefficients Vector Auto-regressive models, respectively. Using statistical tools and econometric methods, this book incorporates the characteristic facts of the Chinese economy into the research framework, tests the research hypotheses with actual data, and also provides a logical mechanism for the later derivation of the general equilibrium theory of the transmission mechanism of monetary policy on the house price bubble under the collateral constraint, providing a more solid basis for the conclusions and policy recommendations.

In the theoretical model, after characterizing the facts and empirical evidence to test the research hypotheses, this book systematically composes the theoretical foundations and frameworks of the Dynamic Stochastic General Equilibrium Model (DSGE) and Financial Frictions in the Credit Market (FFCM), and establishes an Over-lapping Generation Model in which the financing process is constrained by loan collateral, and bubbles in the real estate market are introduced into the transactions of representative households in the model. By establishing an intertemporal optimal decision function for consumers, the book derives a proof of the unique existence of a steady-state bubble equilibrium, a mathematical proof of the conclusion, and a mechanism decomposition of the "collateral mechanism" and the "interest rate mechanism" in a comparative static analysis. By calibrating parameters that are consistent with Chinese reality and economic theory, the book further simulates and estimates the complete general equilibrium theoretical model numerically, and obtains dynamic results from impulse response analysis. Furthermore, the book systematically explains the complete transmission mechanism of monetary policy to real estate price bubbles theoretically, and discusses the role and impact of financial frictions in the credit market in this transmission mechanism.

II. Main content and key points

The central point of this book is as follows. Given the collateral mechanism in the credit constraint, the expansionary effect of tight monetary policy (rising interest rates) on rational real estate price bubbles is further enhanced and amplified if investors' access to credit is more tightly restricted. The logical explanation for this inference is as follows: For speculative real estate bubbles that are not productive, they enter the capital market as part of the collateral assets available for holders to guarantee to financial intermediaries and raise loans. According to standard asset pricing theory, these bubble assets, which have no intrinsic value and do not generate real returns, are driven by investor sentiment, and therefore expand as market returns increase (called the "interest rate mechanism"). In addition to collateral housing assets, individuals also hold dividend-paying assets of productive enterprises and use them as collateral for loans, which are referred to in this book as "physical collateral assets". Thus, bubble collateral assets and physical collateral assets together form a collateral asset pool that can be used by the representative investors in this model to obtain loans from banks to meet liquidity needs. Under intense deleveraging movements, credit conditions tighten and investors are subject to financial constraints and liquidity pressures. At this point, if the monetary authority announces a tight monetary policy, the corresponding increase in production costs with rising interest rates reduces the speed of capital accumulation and slows production, causing the total social value of ordinary collateralizable assets to contract. Therefore, when investors are constrained by tight credit constraints and cannot borrow enough money with existing physical collateral assets, they will spontaneously hold more bubble collateral assets to relieve the liquidity shortage, and the real estate bubble will further appreciate due to its collateralized properties.

III. Academic Innovation and Contribution

The main contribution and innovation of this book are summarized as follows. This book investigates the transmission mechanism of monetary policy on real estate price bubbles from the perspective of loan collateral constraints, and provides a comprehensive analysis of the policy effects arising from the combination of interest rate raising and deleveraging movements to give possible explanations for the puzzling real estate bubbles that current policies have been unable to resolve.

First, this book develops an over-lapping generation (OLG) model into a general equilibrium framework. China's financial market has undergone a deterioration of the lending environment and inflated asset bubbles arising from tightened monetary policies. This model is an attempt to explain the policy dilemma of why various real estate regulation policies have failed to control the bubble.

In the previous studies that focused on the policy of how to control the housing bubble, few scholars have conducted a comprehensive and systematic perspective on the compound effect of the double austerity measures characterized by "interest rate raising" + "deleveraging". This book focuses on the mortgage ability of housing bubble assets in investors' loan portfolios, seriously analyzes the role of the collateral mechanism in the transmission mechanism of monetary policy on asset bubbles, and explores the impact of the interest rate on the economy. Although there are numerous studies on the monetary policy transmission mechanism of asset prices, the crux of mortgage finance as a bubble asset is not well studied. This book adopts the New Keynesian framework, which has been widely used in literature of monetary policy and capital markets, in order to better fit the stylized facts of how real estate markets work and to provide a more comprehensive analysis of the effect on the purchase decisions of overlapping generation households.

Second, this book attempts to make several meaningful extensions to the previous seminal theoretical research. The potential extension is summarized as follows: (i) In the context of capital market transactions, the book extends the assumption in Farhi and Tirole (2011) that only entrepreneurs can hold bubble assets by allowing workers to hold asset bubbles, leading to a wider range of bubble transactions. Considering the current realistic background of a steady rise in national house prices and universal home buying, the common participation of all investors in the trading of real estate bubble assets resonates better with the economic reality of China. (ii) In response to the crowd-out effect of bubble expansion on capital accumulation proposed by Martin and Ventura (2012, 2016), this book further decomposes the collateral mechanism from the original interest rate mechanism to provide solid theoretical support. Specifically, this book demonstrates the amplifying effect of financial frictions in the form of credit constraints on bubble expansion, and deeply analyzes how the growth of the real estate bubble (house prices keep soaring) and the slowdown of capital accumulation in the production process (the decrease in the growth of real enterprises and the shutdown of highly productive enterprises) interact with each other. (iii) Previous studies, including Wang and Wen (2012), Miao and Wang (2012, 2018), use the infinite-horizon model as a theoretical framework, and focus on the impact of stock market bubbles that generate real dividends on investment and capital reallocation. Relating to their ideas, this book focuses the main body of research on pure bubble-type assets used as a means of storing value by economic individuals with overlapping generations.

Third, most scholars studying real estate bubbles and monetary policy have focused their analyses on the U. S. market (Poterbaetal. 1991; Iacoviello 2005; Brunnermeier and Julliard 2008; Genesove and Han 2012), and have not delved deeply into the Chinese economy, which currently has enormous academic potential. This book provides a detailed empirical analysis of the impact of China′s monetary policy on the real estate market bubble by using Chinese macroeconomic time series data. Given that the large-scale securitization of property market assets and the long-accumulated liquidity pressure on lenders have attracted much attention from political and academic scholars and widespread public debate, this book provides a logical and data-supported interpretation for the possibility that micro-individuals with financial constraints have been subjected to the negative impact of lifting interest rates against the background of the difficulties in raising debt. As a consequence of the negative monetary policy shock of "interest rate raising", they were forced to turn to the real estate market for additional liquidity to solve their debt problems, as their own production slowdown could not alleviate their liquidity requirements. This conclusion has important implications for the long-term sustainability of China's financial markets.

Key words: Housing Bubbles, Monetary Policy, Credit Constraint, Financial Friction, Dynamic Stochastic General Equilibrium Theory

目　　录

Contents

第一章

前言

泡沫是一个古老却一直备受关注的难题。历史维度上，17 世纪的荷兰郁金香狂热和 18 世纪的南海泡沫见证了资产价格的大起大落（Kindleberger and Aliber，2011），1929—1933 年灾难深重的“大萧条”紧随 20 世纪 20 年代的美国股市大繁荣之后而来；20 世纪 80 年代末，日本泡沫经济破灭后陷入“失落的二十年”（Okina and Shiratsuka，2002）。即便如此，相似的事件仍不断重演：20 世纪 80 年代初振奋人心的拉丁美洲信贷繁荣后不久便迎来债务危机（Herrera and García，1998），1997 年爆发的亚洲金融危机和 2008 年的国际金融危机接踵而来（Senhadji and Collyns，2002；Reinhart and Rogoff，2008），一次比一次动荡，一次比一次影响深远。虽然经济全球化通过更加深入的国际分工、更加自由的贸易和资本流动、更加开放透明的金融市场提高了资源配置效率，但是伴随着不断创新、纷繁复杂的信息网络和金融系统，资本在全球范围内的流动越来越自如。资产价格的频繁波动、易涨易落也使得金融市场天生被赋予高频、非稳定属性，金融危机的爆发永远得不到足够准确的预警，宏观经济政策的稳定一直面临严峻的挑战。

第一节 泡沫：货币政策的经典难题

以稳物价、促增长为传统目标的货币政策要不要实行，以及如何对房地产价格泡沫进行调控，在经济理论上和政策实践中一直存在争议。长期以来，无论是理论模型还是实证经验也始终未能给出明确定论。那么从泡沫的特性出发，为何它成为货币政策的经典难题？

2008年，由金融系统的顺周期特性（金融部门与实体经济通过“追涨杀跌”“羊群效应”等反馈循环机制不断扩张、收缩，加剧周期波动）引燃的美国次贷危机波及全球，让资产价格泡沫及其衍生的系统性金融风险成为人们关注的焦点，也让当时的第十三任美联储主席艾伦·格林斯潘（Alan Greenspan，任期为1987—2006年）的监管放任饱受指责，密切关注泡沫的发展状况成为中央银行制定货币政策的“应有之义”。此次国际金融危机后，以美联储为首的发达经济体中央银行，为了挽救金融市场流动性、重新提振经济，不得不相继推出史无前例的量化宽松甚至负利率政策。毋庸置疑，这些非常规性政策确实暂时帮助各国摆脱了危机的阴霾并很好地恢复了实体经济，但与此同时，危机后为摆脱经济衰退所采取的一系列量化宽松货币政策为新一轮的资产价格上涨创造了条件，所产生的副作用——房地产价格泡沫激增，在长期影响深远。正因如此，以美国为首的西方国家开始忍痛加息缩表、渐进退出非常规的危机应对模式。

在资本市场上，泡沫是一项资产的公开市场价格中超出其内在基本面的溢价部分。不可否认，一定条件下温和的价格波动和资产泡沫可能是有益的，可以起到刺激消费和投资、促进资本积累、拉动经济增长的良性作用。资产价格上升作为经济利好的信号影响居民和企业的支出决策：对消费者而言，资产价格上升产生财富效应，增加个人资产价值和财产禀赋。财富增加的乐观预期通过居民的跨期平滑行为刺激消费，更加殷实的财富基础也给微观个体的优良信誉提供可靠担保，降低贷款成本、提高资金流动性，居民的财务状况得以改善，全社会信贷水平也稳步提高。对生产者来说，考虑金融市场的信贷传导，温和的资产泡沫给贷款受限的小微企业拓宽融资渠道，通过实现资金由低效企业向高效企业转移，改善资金配置效率，进一步推动投资和产出增长。

但是，当泡沫积累到一定程度，在价格上扬抬高居民手中财富的同时，以上这些积极的刺激效应很快便发生逆转，衍生出有全局性危害的系统性金融风险。

首先，过度膨胀的市场信心容易积累过多债务。市场和投资者通常根据资产价格在一定时间内的上涨幅度来识别泡沫，当资产价格涨得过快、过高、过猛时，市场情绪对泡沫的担忧和警觉会随之增加。通过增加资本的市场价值相对于其重置成本的比率，即托宾 q 值（Tobin，1982），资产泡沫的膨胀通过不断向市场注入流动性促进资产需求。信贷市场上抵押资产价值的升值放松了投资者的外部融资约束，相对更低的资本成本驱使企业增产扩容，金融市场上的系统性风险随之上升。

其次，由于社会整体投资和消费规模的过度扩张，资源禀赋也产生扭曲和错配，实体经济很快出现过热，通货膨胀不断攀升。失衡的金融市场下，虚高的资产价格最终会带来风险和担忧，悲观预期日益积累。为了控制通货膨胀，货币政策和银行信贷业务不得不转而收紧，市场信号加剧悲观预期的形成。当市场上绝大多数投资者产生恐慌心理时，竞相抛售资产的后果必然是资产价格一落千丈，泡沫终将破灭。

一方面，一旦泡沫破灭，随即产生的流动性风险给商业银行带来巨大危机：由于商业银行的负债业务以短期存款为主，而资产端中长期贷款占多，即使是原来资产负债表十分稳固的银行也很难做到在大范围的挤兑中不受损失。另一方面，随着泡沫的破裂和信贷的收缩，资不抵债的中产阶级和低收入者很有可能因为无力偿还贷款而受到沉重打击，甚至走向破产。相对来说，反而是那些拥有信息和资金优势的资产大亨们更有可能抢占时机先一步退出市场，在价格下跌时大发横财。结果，全社会收入和财富分配差距进一步拉大，社会稳定和长期经济增长都受到严重负面影响。更可怕的是，投资者的误判只有在交易结束一段时间、经济状况发生转折时方才显露。当资产价格上升到人们难以接受的程度时，突然到来的泡沫破裂也“滚雪球”般给投资者带来连带损失。

这样，货币政策对泡沫的调控难度不难理解：即使监管机构高度完备健全、中央银行掌握广泛透明的信息来源，人们还是常常在资产泡沫崩塌之后才幡然悔悟（Mishkin and White，2002）。由于货币政策的微小调整对金融市场乃至整体经济都产生牵一发而动全身的广泛影响，面对高度波动的资产价格体系，中央银行无法做到对某一类资产价格单独反应。再加上各种资产价格波动的根源千差万别，全局控制更是非常困难，也不好操作。政策干预如若莽撞刺破泡沫，将产生更加深远的金融动荡。

第二节　发达国家楼市历史经验教训

从全球发达国家的历史经验教训总结，房地产市场“大而不能倒”并引发危机的历史事件不少。比较典型的有美国政府依赖“房利美”（Fannie Mae①）、“吉利美”（Ginnie Mae②）、“房地美”（Freddie Mac③）提振经济，最终引发次贷危机及2008年的国际金融危机（蒂莫西·盖特纳，2015）。

① 全称为Federal National Mortgage Association，即“美国联邦国民抵押协会”。

② 全称为Government National Mortgage Association，即“美国政府国民抵押协会”。

③ 全称Federal Home Loan Mortgage Corporation，即“美国联邦住房贷款抵押公司”。

“房利美”于1938年由美国联邦政府设立，为大萧条后罗斯福新政的政策之一，本意是通过“房利美”建立抵押贷款资金流动的平台，以政府名义为受经济危机冲击房屋“断供”的老百姓提供担保，让他们有房可住。但随着经济的恢复和再次走向繁荣，“房利美”在美国金融市场中的地位愈加重要，业务发展扩张到贷款担保，并于1954年发展成为股份制公司、1968年重组改制为私人持股的民营企业，不再担任美国联邦政府的抵押贷款担保人，在美国次贷市场占据绝对垄断地位，并成功上市。“吉利美”于1968年成立，接管“房利美”作为政府抵押贷款担保人的职责，是美国住房和城市发展部的政府所有全资子公司，给商业银行发放担保牌照，商业银行凭借这些牌照向老百姓贷款并进行“抵押贷款证券化”（Mortgage-Backed Security），即打包成资产证券化产品，吉利美为这些产品提供担保。“房地美”于1970年成立，由国会立法《联邦住房贷款抵押公司法》批准设立，其目的主要是打破“房利美”在次贷市场“一家独大”的局面。

“房利美”“吉利美”“房地美”的存在为美国房地产市场提供了充足的流动性和购买力，但正因为有强大的政府信用担保，次级贷款的打包过程中的“以次充好”并没有受到充分审查，美国次贷市场发展壮大的过程不断集聚大量风险。到2007年，“房地美”“房利美”这两家政府支持企业累计的未偿付抵押担保证券为5.2万亿美元，甚至超过美国当时的政府债务规模（4.9万亿美元）。

根据美国国家经济研究局（NBER）对房价危机和金融危机的分析（Chinco and Mayer，2012），投资者的盲目自信和信息不完全扰乱金融市场、引发泡沫。在房地产市场中，二手房购买者炒房动机进一步引起了房价泡沫的膨胀。“被打包产品”房地产价格在世界各国一路上涨，家庭财富迅速升值，但随着房价泡沫的飙高和显露，公众信念全线崩塌，靠房价飙升搭建起的财富迅速缩水，首先给家庭带来沉重的债务负担，进而点燃了美国乃至全世界金融危机的导火索。

第三节 房地产价格泡沫：中国问题

中国楼市除了同样存在杠杆高企、越调越高的棘手问题，也因独特的国情和制度原因呈现出一些鲜明特征。

在中国，房地产市场的风向与老百姓的日常生活紧密挂钩。在温和稳定的房地产市场中，房价将忠实反映基本面，普通居民在购房时基本上根据其实际居住需求理性决策。然而自从 1998 年住房市场化改革以来，中国的房地产市场在为经济增长、投资拉动做出支柱性贡献的同时，越来越显现出市场售价严重偏离土地和居住的基本价值、房价泡沫越来越厚重的现象。中国的债务占经济规模之比持续上升，影子银行系统扩张迅速、呈现蓬勃发展态势。居高不下的房价也严重影响到了普通老百姓的正常生活。房价一路高歌猛进，在无数人的否定和怀疑中不断攀升，并一路增长到当前令人瞠目结舌的地步。鉴于房价的波动对金融市场稳定的巨大威胁和错综复杂的货币政策内在传导机制，中央银行在制定货币政策应对房价泡沫时面临相当大的难题。

近年来，翻倍增长的房地产价格和金融系统的过度杠杆化现象已经引起了中央政府和中国人民银行的高度重视，也由此衍生出各项为治理泡沫扩张而出台的积极、频繁的政策举措。

数量方面，政府坚持“房住不炒”定位，不断推出包括“住宅 70 年产权到期可续期”“认房又认贷”“区域性限购”等一系列房屋购买限制和“资管新规”“三去一降一补”等密集的去杠杆政策。价格方面，中央银行通过加息、上调存款准备金率、基准利率来控制房地产市场过热现象。虽然对房地产市场的量价管控和信贷管控以各种方式被不断提出和执行，但是从目前的经验证据和越调越高的房价来看，事实上的政策效果并不尽如人意。

从当前中国房地产市场的现实状况来看，对于无房者来说，多少一线城市高校毕业生在面临超高房价时，或掏空“六个钱包”，在给年轻一代背上沉重且长期的还贷负担的同时倾尽了年老一代的毕生积蓄[①]；或无奈放弃发展前景更优、环境更加熟悉的就业机会和梦想，回到所学专业可能找不到对口工作的家乡小城镇，出现人才错配和现代社会的“躺平”现象；对于普通有房者而言，市值百万、千万的房屋其实是满足居住需求的不动产，既不能缓解流动性紧张也不能满足消费需求；总的来看，住房市场上的“最大受益者”只能是以投机为目的购入多处房产并不断通过房屋升值实现财富升值的高收入人群。这样，住房资产的过高价格一方面将对微观个体的储蓄和投资行为造成扭曲；另一方面也吸收了社会中本应流向生产部门的流动资金，导致产业空心化、经济结构性失衡。此外，房价的上涨直接弱化了居民的实际购买能力，使得社会贫富差距进一步扩大。

如图 1.1、图 1.2 所示，购房者增购房屋资产的目的可以细分为三种：因为自住需求购买的“首套房”和婚姻需求购买二套房的“刚需房”、以改善生活为目的而进行换房居住的“改需房”和以投机需求为特征的“投资房”。根据西南财经大学中国家庭金融调查与研究中心的研究结果，2008—2018 年中国“刚需房”需求连年下降，“改需房”在新购房数量中的占比平稳上升。值得注意的是，随着房地产业的蓬勃发展、房价的一路攀升和“炒房团”的兴起，“投资房”占比迅速扩张，在 2018 年甚至达到 50.3%，明显昭示着房地产市场上势不可当的投机需求和与此共存的杠杆高企现象。

---

① 2018 年央行货币政策委员会委员樊纲提出的观点，指出当前年轻家庭买房需要夫妻双方的父母、祖父祖母、外祖父外祖母共 6 个家庭共同出资，超高房价带来的问题已不仅局限在经济范畴，还对整个社会产生深层冲击。2022 年，广东省珠海市印发新的购房政策，提出“一人购房全家帮”，明确提出父母的公积金可提取出来为子女购房，“六个钱包”再上热搜，刺激楼市以应对经济不景气的短期政策手段再受热议。

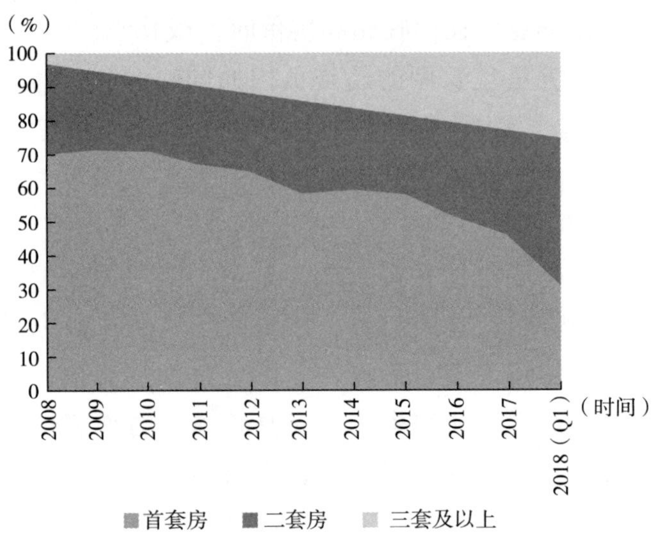

图 1.1　2008—2018 年城镇新购房属性

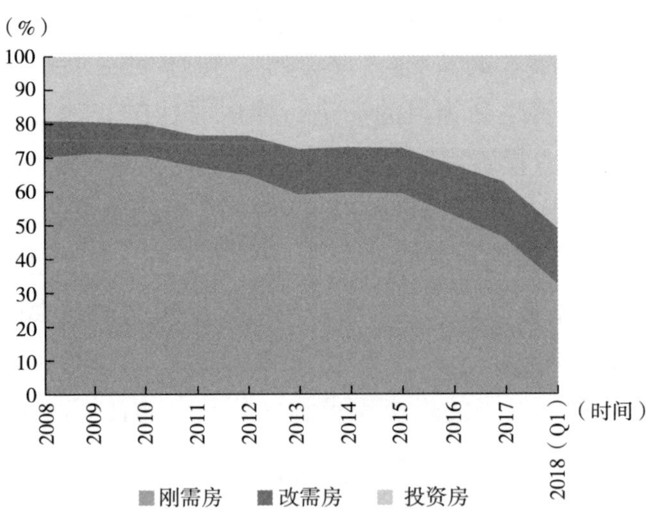

图 1.2　2008—2018 年城镇新购房目的

资料来源（图 1.1、图 1.2）：西南财经大学中国家庭金融调查与研究中心，http://www.chfsdata.org/about.aspx。

更严重的是，2019 年末新冠疫情的暴发增加了老百姓（尤其是多套房拥有者）的避险情绪，并进一步增加了高收入阶层的购房意愿。如图 1. 3、图 1. 4 所示，2020 年第二季度到 2022 年第一季度，拥有房屋套数在“3 套及以上”“2 套”“1 套”“无房”的家庭计划购房比例的季度平均值分别为 15. 49%、9. 78%、8. 14%、8. 33%，疫情发生后拥有“3 套及以上”住房的家庭的计划购房意愿远远高于其他家庭；同一段时间，家庭金融资产在“100 万元以上”“50 万—100 万（含）元”“30 万—50 万（含）元”“10 万—30 万（含）元”“5 万—10 万（含）元”“5 万元及以下”的家庭的计划购房比例季度平均值分别为 19. 8%、12. 8%、12. 3%、10. 6%、8. 6%、5. 2%，疫情发生后高金融资产家庭产生了更强烈的购房意愿。

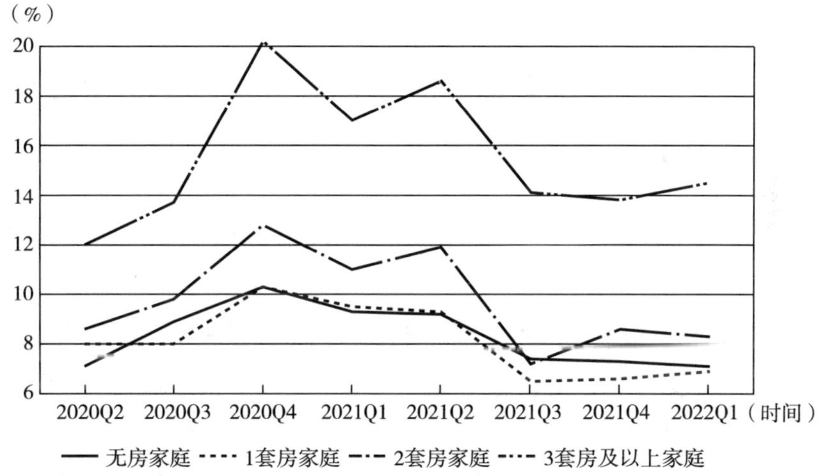

图 1. 3　疫情后的避险情绪

资料来源：西南财经大学中国家庭金融调查与研究中心，http：//www. chfsdata. org/about. aspx。

除了房地产市场上关乎老百姓安居需求的房价，把目光从住房资产移向信贷市场，信贷市场上涌现的大量不良资产也将政府决策部门置于艰难境地。紧锣密鼓的去杠杆政策收效甚微，使得金融监

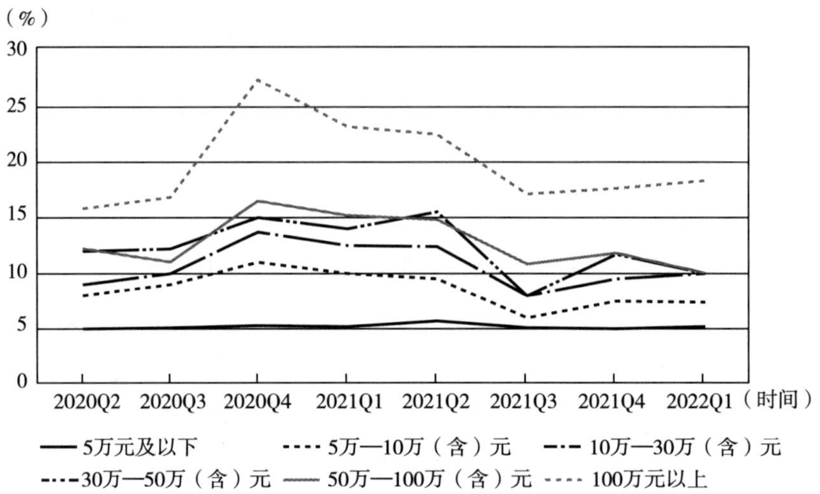

图 1.4　疫情后的购房意愿

资料来源：西南财经大学中国家庭金融调查与研究中心，http：//www. chfsdata. org/about. aspx。

管部门的压力与日俱增。根据 Chang 等（2016）构建的中国宏观经济时间序列数据库①中的季度数据，由图 1.5 可以看出，2001 年以来，“影子银行贷款占比”和“房地产贷款”这两个时间序列增长趋势明显，中国日益严重的债务负担和危机四伏的信贷市场状况可见一斑。

若将“影子银行贷款占比”进一步细分，它的三个组成部分“银行承兑汇票”“委托贷款”和“信托贷款”结构如图 1.6 所示。“委托贷款”和“信托贷款”扩张的势头显著表现了影子银行系统发展壮大的强劲态势。这些不包含在银行资产负债表中的贷款作为隐匿违约风险的绝佳手段给金融市场上不断攀升的杠杆率做出极大贡献。到 2018 年第二季度，“银行承兑汇票”仅占 16%的份额，与 2011 年 47%的规模相去甚远。

---

① 该数据库为国家统计局、财政部和中国人民银行原始数据的有机整合，详见 https：//www. frbatlanta. org/cqer/research/china-macroeconomy. aspx? panel=1。

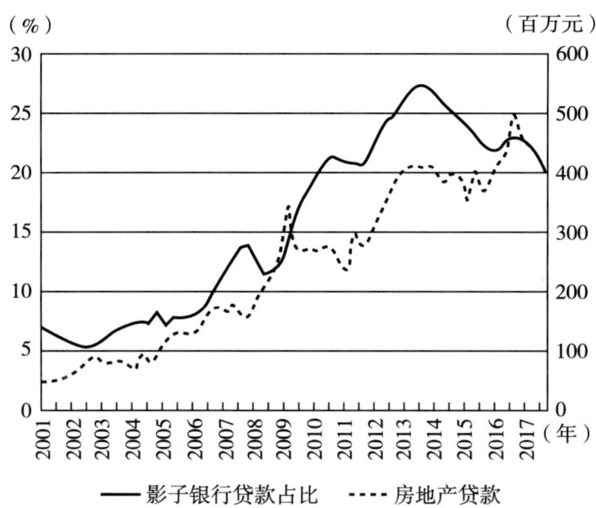

图 1.5 近年中国信贷市场状况

资料来源：国家统计局、中国人民银行、财政部、Chang 等（2016）。

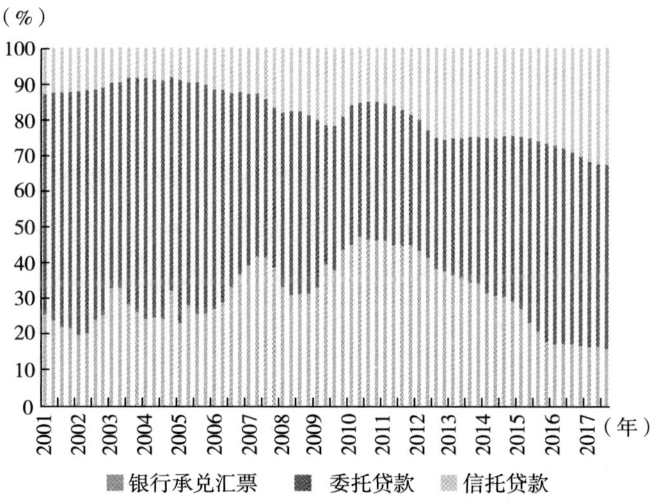

图 1.6 近年中国影子银行构成演变情况

注（图 1.5、图 1.6）：其中“影子银行贷款占比”为“影子银行部门季末总贷款量”与“全体金融中介部门季末总贷款量”之比；“房地产贷款”为 CPI 指数平减的“房地产部门新增贷款”。

资料来源：国家统计局、中国人民银行、财政部、Chang 等（2016）。

第四节　全书的布局与架构

一　重点问题

如上所述，泡沫的特性本就给货币政策带来诸多难题，房地产市场与实体经济的交织更是给楼市泡沫的治理增加难度。货币政策方面，各国政府在管理资产泡沫的扩张时是否应当加强干预？提升利率的紧缩性政策措施能否有效压制泡沫、平息经济下行中产生的阵痛？经济过热时收紧利率早已在理论上受到了主流宏观经济学的维护和推崇，在实际政策制定中，决策者多年以来也坚定践行着加强金融市场的监管和干预这一主张。尽管如此，世界各国的经验事实不断证明，紧缩的货币政策在很多情况下反而推升了资产价格的上升、催使泡沫膨胀，引起了人们的担忧。

除此以外，为什么严苛的信贷环境下紧缩的货币政策无法扭转目前的不良态势？中央银行是否应当对资产价格波动直接反应，将其纳入政策反应函数中？还是应当盯住通胀和经济增长的最终目标，对泡沫持观望态度？在目前市场供需结构不平衡、经济增长方式存在结构性问题的大环境下金融监管机构应当在调控房价泡沫方面扮演怎样的角色？究其根本，政府如何有效阻止其无限蔓延？这些问题亟待解决。

二　内容安排

本书以抵押约束下货币政策对房地产价格泡沫的影响为主要研究对象，具体的内容安排如下：

第一章，前言。这一章首先揭示当前较差的融资环境下加息无法控制房地产泡沫这一异常现象，介绍房价泡沫积压、家庭和企业债务负担重的大背景，引出货币政策对泡沫应对失灵的经典难题，总结发达国家住房市场崩盘危机的历史经验，并指出我国特有国情下房价泡沫的鲜明特征，综述全书的布局和整体架构。

第二章，文献综述。这一章展开对包括理性与非理性泡沫、房价泡沫及其演进（包括泡沫测度、土地财政、预算软约束、政府债务等多元深层次问题）、货币政策、信贷传导渠道等问题在内的相关研究的梳理，总结有关泡沫生成、货币政策传导、金融摩擦的相关文献，从土地供需和预算软约束两个侧面总结我国楼市泡沫演化变迁的制度渊源，铺垫理论基础。

第三章，中国货币政策对房地产价格泡沫影响的实证分析。这一章首先构建状态空间模型（State Space Model）对中国房地产泡沫的规模进行测度，刻画其特征事实。之后，利用1996年第1季度到2017年第4季度的季度数据，对中国宏观经济的基本经验事实进行概括性描述，再分别运用常系数和时变参数向量自回归模型（Vector Autoregression Model；Time－varying Parameter Vector Autoregression Model）就货币政策冲击对房地产泡沫的影响进行估计。实证分析的结果印证研究假设：紧缩的货币政策促进了房地产泡沫的扩张，造成了更大程度的泡沫波动。

第四章，信贷约束下货币政策对房价泡沫传导的机制分析。这一章首先给出动态随机一般均衡理论和信贷配给理论的理论基础，包括发展脉络、模型架构、分析范式等。同时，本章详细阐述信贷配给理论和贷款抵押约束的微观原理，解释如何在动态随机一般均衡的理论模型中引入金融摩擦以更加真实地模拟现实经济的运行。随后，本章从储蓄再分配、未预期通胀、未经对冲的利率风险敞口、资产投资组合、收入构成等机制角度，系统性地探究货币政策对房价泡沫的传导机制。在实证分析和理论基础的铺垫下，本章随即构建一个考虑金融摩擦的一般均衡模型，将投资者的抵押资产组合分为“住房泡沫资产”和“生产性物质资产”，深入探讨两类抵押资产在货币政策内在传导途径中的相互作用，并进行参数校准和动态脉冲响应分析。这里，投资者可利用手中的生产性资本分红和没有实际生产价值的房地产泡沫作抵押，缓解流动性需求所受到的约束。当紧缩的货币政策提升利率、随之提高生产厂商的借贷成本时，经济生产受到抑制，资本存量放缓，可抵押的生产性物质资本价值萎缩。为了维持原先的资金需求，投资者会寻求持有更多的泡沫资产，引起资本市场上的扩张。稳态分析中，定理1证明了上述逻辑机制，给出了唯一存在的泡沫均衡，并通过比较静态分析对利率上升导致泡沫扩张的“抵押品机制”和原有的“收益率机制”进行机制分解。机制分解的结果以“加息”为代表的紧缩性货币政策打压了实体经济的生产，却没能达到压制房地产泡沫的根本目的。严重的金融摩擦会产生“金融加速器”机制（Financial Accelerator Mechnism），使经济周期的波动更加剧烈。本章运用中国数据和通行参数对上述模型进行校准，进行脉冲响应动态分析，以阐释机制分析结果的深层原因，检验本章理论模型的适用效力，并分析评估利率冲击、泡沫冲击对宏观经济各变量的动态影响。

第五章，结语。这一章对全书进行总结，给出相关思考和政策建议，并对未来可行的研究方向进行展望。

三　研究假设和分析方法

本书的研究假设和分析方法如下所述。

研究假设。“不完善的信贷市场环境（即存在信贷摩擦）下，紧缩的货币政策不仅对楼市调控失效，反而还刺激房价泡沫扩张”。本书落脚于近年来去杠杆和加息政策下房地产市场上愈演愈烈的价格泡沫这一关乎民生的政策难题，提出造成此异常现象的可能原因，并给出有根据的推测和解释。针对“房地产价格泡沫”“货币政策传导”“信贷抵押约束”这三大主要研究对象，本书总结房价泡沫的形成原因、货币政策的应对之策以及以抵押贷款约束为代表的金融摩擦在货币政策对泡沫的传导机制中起到的关键作用。实证分析验证该研究假设。

实证分析。为检验研究假设与现实经济的契合程度，本书进一步分析特征事实，首先基于状态空间模型对中国的房价泡沫进行测度；其次运用中国宏观经济时间序列，对我国货币政策对房地产泡沫的影响分别进行常系数和时变系数向量自回归模型的实证研究。借助统计工具和计量方法，本书将中国经济的特征事实纳入研究框架，用实际数据检验研究假设，也为后面抵押约束下货币政策对房价泡沫传导机制的一般均衡理论的逻辑机制推演做准备，为结论和政策建议提供更加坚实的依据。

理论模型。在特征事实、实证证据对研究假设进行验证后，本书对动态随机一般均衡模型（Dynamic Stochastic General Equilibrium Model）和信贷市场上的金融摩擦（Financial Frictions）的理论基础与框架进行系统性梳理，并进行理论建模，建立了一个融资过程受到贷款抵押约束的世代交叠模型，并将房地产市场上的泡沫引入模型代表性家庭的交易中，以完整讨论理论传导机制。通过建立消费者跨期最优决策函数，本书推导证明得出稳态泡沫均衡的唯一存在性，对结论进行数理证明，并进行“抵押品机制”和“收益率机制”的机制分解，做比较静态分析。借助符合中国实际和经济理论的参数校准，本书进一步对完整构建的一般均衡理论模型进行数值模拟和估计，得到脉冲响应分析的动态结果，在理论上系统性地阐释了完整的货币政策对房地产价格泡沫的传导机制，并讨论信贷市场上的金融摩擦在此传导机制中扮演的角色和造成的影响。

研究贡献。与前人研究相比，本书研究的主要贡献和创新之处在于：从贷款抵押约束的角度研究了货币政策对房地产价格泡沫的传导机制，全面深入地分析了加息和去杠杆这样一种紧缩政策的组合所产生的政策效果，并对当前政策为何一直未能解决房地产泡沫这一困惑找到可能的解释。

第一，理论上，面对中国金融市场上激烈的去杠杆举措和收紧的货币政策下反而不断膨胀的资产泡沫和持续恶化的贷款环境，构建一般均衡的世代交叠（Over-lapping Generation，OLG）模型，试图解释各种严厉的房地产调控政策为何没能成功控制泡沫这一政策难题。

在众多致力于解决如何治理房产泡沫这一政策难题的研究中，针对以“加息”+“去杠杆”为特征的双重紧缩措施所产生的复合效应，之前的学者很少进行系统性的研究。本书以投资者贷款抵押组合中的住房泡沫资产的可担保性作为研究重点，仔细分析货币政策对泡沫的传导路径中抵押机制发挥的作用，探究市场利率变化对经济产生的影响。虽然目前对有关资产价格的货币政策传导机制的研究不计其数，但是对“抵押贷款融资”这一泡沫资产的核心职能的研究并不充分。本书采用货币政策和资本市场的研究中应用广泛的新凯恩斯框架，以便更加契合房地产市场的现实运作，更加全面地分析世代交叠的家庭在进行购房决策时所需考虑的综合影响。

基于此，本书研究得出的中心论点是：考虑到信贷约束中的抵押品机制，如果投资者的融资渠道受到更加严格的限制，那么紧缩性的货币政策（利率上升）对理性房地产价格泡沫的扩张作用将被进一步加强与放大。这一推断的逻辑解释如下所述：对于不具备生产性功能的投机性房地产泡沫，这些泡沫进入资本市场时可作为抵押资产的一部分供持有者担保给金融中介机构并筹得贷款。根据标准的资产定价理论，这些没有内在价值的泡沫资产不产生实际收益，由投资者情绪所推动，因此随市场回报率增加而扩张（称作“收益率机制”）。除了住房资产可供抵押，微观个体同时持有生产性企业的分红资产并运用其抵押贷款，这里本书称其为“物质抵押资产”。这样，泡沫抵押资产和物质抵押资产共同构成抵押资产池子，可供本书模型中的代表性投资者向银行抵押获得贷款，以满足流动性需求。在激烈的去杠杆行动下，信贷条件收紧，投资者受到融资约束的制约，承受流动性压力。此时，如果货币当局宣布采取紧缩性的货币政策，随利率上升相应增加的生产成本降低资本积累的速度、减缓生产，使得普通可抵押资产的社会总价值收缩。因此，当投资者受到紧的信贷约束的制约，无法以现有的物质抵押资产借到足够的资金时，将自发替代性地更多持有泡沫抵押资产以缓解流动性短缺，而房地产泡沫由于自身附带的可抵押特性而进一步升值。

第二，本书也对此前奠基性的先驱理论研究试图做出若干有意义的延伸。在对模型的扩展上：一是在资本市场的交易中，本书对 Farhi 和 Tirole（2011）中只有企业家可以持有泡沫资产这一假设进行扩展，允许普通劳动者持有泡沫资产，扩大了泡沫的交易群体。考虑到当前全国房价平稳上涨、全民买房的现实背景，所有投资者共同参与房地产泡沫资产的交易更加符合中国的经济现实。二是针对 Martin 和 Ventura（2012，2016）提出的泡沫扩张对资本积累的挤出作用（Crowd-out Effect），本书通过将新增的“抵押品机制”与原生的“利率机制”进行分解，对其提供有力的理论支撑，直观地展示以信贷约束为代表形式的金融摩擦对泡沫扩张产生的放大作用，深入分析房地产泡沫的增长（房价不断攀升、越调越高）和生产过程中资本积累的放缓（具体表现为实体企业的增长放缓、高生产效率企业纷纷倒闭）如何相辅相成、互相促进。三是包括 Wang 和 Wen（2012）；Miao 和 Wang（2012，2018）在内以无限期模型为理论框架的研究关注了产生实际分红的股票市场泡沫对投资和资本重新配置的影响。本书借鉴他们的思想，将研究主体聚焦在世代交叠的经济个体用作储值手段的纯泡沫类型的资产上。

第三，大多数研究房地产泡沫与货币政策的学者将分析重点集中于美国市场（Poterba et al.，1991；Iacoviello，2005；Brunnermeier and Julliard，2008；Genesove and Han，2012），对目前有巨大发展潜力的中国经济尚未深入挖掘。本书利用中国宏观经济时间序列数据，对中国货币政策对房地产市场泡沫的影响进行了详细的实证分析。鉴于大规模的楼市资产证券化和积聚已久的贷款者流动性压力已经引起了政界、学界的高度关注和社会公众的广泛议论，本书提供逻辑自洽、数据支持的可能性解释：融资受限的微观个体在举“债”维艰的背景下又受到了“加息”这一负向的货币政策冲击，在自身生产放缓无法缓解流动性需求的情况下被迫转向房地产市场依靠“房价泡沫”获得额外流动性以解决债务问题。这一结论对中国金融市场的长期可持续发展具有重要的指导意义。

第二章

文献综述

本章就泡沫的界定（包括理性泡沫、非理性泡沫及两者的关联与区分）、房地产价格泡沫（包括其测度及土地财政、预算软约束等方面的制度渊源）、货币政策对泡沫的传导（包括利率渠道、信贷渠道及信贷渠道中细分的资产负债表渠道、银行贷款渠道和风险承担渠道）、货币政策对泡沫的应对（包括传统的通胀目标制、“逆风而行”和“善意忽视”）展开综合分析，进行探讨和总结。

第一节　理性泡沫与非理性泡沫

资产价格泡沫一般以附着在股票、房地产基本价值上的溢价为典型代表，可表现为成长壮大的企业价值或日渐上涨的房价。根据微观个体的预期和行为对泡沫进行划分，有“理性泡沫”和“非理性泡沫”两种类型。

一　理性泡沫

既往对理性泡沫的大量研究认为，泡沫是资产价格变动中市场基本面无法解释的部分。

最早的理性泡沫理论（Samuelson，1958；Tirole，1985）认为泡

沫能够解决动态无效问题[①][②]：首先，资本既可以作为生产要素进入生产，也可以作为良好的保值工具参与交易，具有“生产”和“交易”二元功能。由于价值贮存需求的存在，资本又常常被过度积累，使得投资超过了生产所需要的份额，由此产生的无效投资挤占了可供消费的资源禀赋。这时，如果泡沫出现，微观投资者的资本得到盘活，泡沫出现对整体宏观经济而言是有好处的：只要发展得当，泡沫会将资源从低效投资者手中转移到消费者和高效投资者的手中，拉动有效投资增加，取代低效率的投资，提高市场上的总体投资效率，并促进社会消费繁荣。

从微观个体的理性预期出发，理性泡沫是资产价格的增长超出其市场基本价值的部分（Newman et al.，1992）。

首先，即使交易者完全理性，市场上实际观察到的资产价格还是应当包括两个部分：基础价值和理性泡沫。这样的泡沫并不产生实际收益，理性的交易者知道它未来存在破灭的可能性（Blanchard and Watson，1982）。根据标准的资产定价理论，资产价格取决于预期的分红和资本所得，预期的资本所得又取决于未来的预期分红和资本所得（Cochrane，2009）。反复迭代到无限期，可以得到资产价格等于交易者未来分红的现金流现值这样一个资产定价公式。严格说来，只要价格遵循预期运动，理性预期均衡下的资产价格将自动由其基本价值所决定。但是由于投资者并非生活在一个无限期、无摩擦、生生不息的理想市场中，不对称信息带来了不同的未来证券价格和收益分布，使得人们在看待同一特定资产价格的基本价值时

① 动态无效（Dynamic Inefficiency）描述的是一种存在过度储蓄、过度资本积累的经济形态，这种经济形态是非帕累托有效的。

② Martin 和 Ventura（2018）是一篇对理性泡沫理论的宏观应用指南，该指南对理性泡沫如何嵌入标准宏观经济模型、理性泡沫如何解释重要宏观经济现象、理性泡沫的福利含义和管理泡沫的政策决策等一系列问题进行详细描述。

存在分歧。在完美预见假设[①]下，只要资产价格的初始值确定下来，那么该价格的未来（理性）预期值也被确定下来并符合交易者和股东预期；那么理论上只要在交易初始时股票发行者和潜在股东预期的初始价值相对市场基本面有所高估；那么资产泡沫将稳定存在并持续若干期（Diba and Grossman，1988）。这样，如果把抽象的泡沫放到现实中的股票市场、房地产市场和其他金融市场中，理性泡沫的存在依然成立。

其次，当新技术或新事件的冲击引发投资者对未来资产价格看涨的乐观预期时，估价更高的资产引发投资者的兴趣和需求，正向反馈累积推升价格一路上扬。为追逐利润，即使理性人清楚明白实际资产价格将存在超出分红现金流现值的溢价，仍然愿意在短期内持有它们。随着预期的自我实现，这些看似外生的不确定性进入市场预期，即使是理性预期的均衡也将产生泡沫结果。一方面，当企业的市场价值被看好、市场走势良好时，投资者有意愿购买股票、投资房产。在这一过程中，投资者们甚至有机会自己创造泡沫，继续增持这些看涨资产上附着的泡沫。另一方面，当交易者发现自己的物质资本回报率能超过泡沫收益率时，只要有其他接盘者认为这个泡沫资产仍是有利可图的，他们可以立刻在市场上出售泡沫，导致泡沫在正反馈循环（Feedback Loop）上越滚越大（Miao and Wang，2012；Pearson and Zhang，2017）。人们常听说的金字塔骗局（Pyramid Scheme）也是泡沫存在的一种典型方式，金字塔骗局之所以能够在社会上广泛运转，正是由于资产购买者对其看涨，它快速吸收每期的非有效投资，并且其预期回报超过它所取代了的投资[②]。

更糟糕的是，作为微观个体的投资者还倾向于对市场的整体流动性产生错觉：每一个交易者个体都自作聪明地相信，一旦价格下

---

① 完美预见假设（perfect foresight assumption），指交易个体能完美预见到未来各时期的资产价格走势，是理性预期理论排除模型不确定性的一个重要假设。

② Martin 和 Ventura（2012）构建的经济增长模型中，泡沫正是一个金字塔骗局，其规模取决于市场对其未来规模的预期。

跌，蒙受损失的会是其他投资者，而自己能够全身而退。由于信息不对称和不完全所衍生出的信息摩擦有多种表现形式，交易者无法及时协调他们的卖出策略，又导致泡沫持续存在、具备“韧性”。这样的同步性问题和交易者试图把握市场时机的心理倾向共同导致理性泡沫在一段时间内持续存在（Brunnermeier，2001；Abreu and Brunnermeier，2003）。泡沫的堆积过程由量变逐步走向质变，直到所有投资者都发现价格疯涨到没有其他人愿意接盘的时候，预期自我实现，泡沫崩塌，引发经济危机。

由于理性泡沫随着市场预期自我实现，并隐含性地附着在资产价格的内生变动中，不仅泡沫本身非常难以识别，即使幸运地被正确识别到，货币政策对于泡沫的内生传导机制也十分复杂。因此，如何调控金融市场状况、防范系统性风险、使得资产价格的剧烈波动对实体经济产生尽量小的损失是决策者一直关心的问题。而要想解决这一问题，先决条件是厘清货币政策对资产泡沫的传导机制。

二 非理性泡沫

针对非理性泡沫的既往研究更多的是从行为金融学、实验经济学、应用社会心理学的角度出发，认为泡沫是基于情绪、信心等心理因素导致的价格偏离（Summers，1986；Shiller，1996；Barberis et al.，1997；况伟大，2010），或正反馈投资策略、从众行为、羊群效应等行为因素导致的“追涨杀跌”（De Long et al.，1990；J. Bradford De Long and Waldmann，1990）。

20 世纪 80 年代末的日本房市和 90 年代的美国股市常被人们称作“泡沫狂热”（Garber，2001）。事实上，这种基于对新技术或经济增长潜力的盲目乐观，过分夸大未来经济基本面的房价或股价上升不应用基于理性预期的泡沫理论来解释，这是一种由投资冲动驱使的典型“非理性繁荣”，源于噪声交易者[①]盲目竞价的从众行为。对于非理性、缺乏经验的投资者来说，心理预期对价格波动产生更大影响。过度自信孕育了泡沫的萌芽，羊群效应和市场自发的正向反馈机制促进泡沫进一步成长壮大。当先行投机者的成功经验被众口传诵并成为公共信息时，迅速发财的美好愿望便不断吸引新的投资者进入市场，重复前人的交易策略。在 Scheinkman 和 Xiong（2003）刻画的连续时间均衡模型中，正是过度自信导致了微观个体对资产价格基本面的价值判断不一致。均衡时，资产价格中因投机目的而存在的泡沫成分伴随大规模交易量和大幅度的价格波动同步出现，即使是细微的信念差异也会促成泡沫交易的完成。在 2013 年诺贝尔经济学奖获得者罗伯特·席勒（Robert Shiller，2005）著名的《非理性繁荣》一书中，席勒教授用详尽的统计分析论证市场的非理性狂热和投机性泡沫的存在。资产价格上涨引发交易者买进，买进行为又引发新一轮资产价格上涨。在这样的正反馈循环中，市场在心理、文化等多因素共同作用下出现非理性狂热，投机性泡沫自然形成。以楼市为例，短期内只要没有出现明确的崩盘信号，在不对称信息下商业银行倾向于向购房者提供融资支持，推动房价预期看涨，直到整体的市场信心逆转、非理性繁荣和正反馈循环被打破，投机性泡沫才会破裂（周京奎，2005）。游家兴、吴静（2012）从传播学视角出发，运用文本分析研究媒体情绪对资产价格泡沫的影响，发现媒体情绪的正向波动易催生资产误定价，即非理性的价格泡沫产生。贾生华、李航（2014）分析噪声交易者的非理性预期及其预期偏差对房地产价格泡沫产生和扩张的作用，用中国 35 个大中城市与房地产价格泡沫相关的宏观经济数据证明投资者的行为和心理因素是促成非理性房地产泡沫的重要原因。

除了过度自信引发的非理性投资狂潮之外，爆炸性的价格增长

---

① 噪声交易者（Noisy Trader）指无法获得透明的内部信息，将嘈杂的场外信息错认为是真实信息并以此制定交易策略的非理性投资者，其预期收益往往为负。

也不属于理性泡沫的研究范畴。例如第一次世界大战后德国、匈牙利等国“一万亿马克只能购买一个面包”（Snowdon and Vane, 2002），中华民国时期100元法币的货币购买力从“1937年的1头牛”骤降到“1949年5月的0.0025粒大米”，2017年津巴布韦高达$5\times10^{11}\%$的通胀率等恶性通货膨胀事件，由于特殊的历史背景和极不稳定的政治体制，并非由资产交易者的逐利天性直接导致，其价格的膨胀也并非简单属于“超过基础价值的溢价部分”，更多地应该交由历史学、心理学和行为金融学进行分析。

三　理性与非理性泡沫的关联与区分

更多时候，现实经济社会中“理性”和“非理性”的泡沫都有，相关研究往往两种成分都有所涉及。如扈文秀、席酉民（2001）将泡沫与市场的从众行为建立联系，对泡沫的理性成分和非理性成分进行模拟分解，认为消除信息的不完全性、未来环境的不确定性是降低市场泡沫的一个可行路径。赵留彦（2007）检验中国恶性通货膨胀时期（1945—1949）通胀预期的收敛性，发现这一时期的价格泡沫的均衡路径并不唯一，通胀中存在明显的泡沫成分，且随机性泡沫在通胀率中的比重明显高于确定性泡沫。杨忠海（2008）的研究和郭明伟、夏少刚（2009）的研究分别从宏观金融、资产定价的角度总结两种泡沫的发展脉络和理论动态。另外，经济中的“预算软约束”（企业发生巨额亏损时会得到政府或有关部门救助，无法实现破产清算）催生理性的资产价格泡沫，且泡沫规模随着预算软约束的加剧而扩张。正因如此，消除政府对大型企业的干预和救助是降低经济中理性泡沫成分的有效途径（李广子、李玲，2009）。余华义、徐晨旻（2015）用面板VAR模型对中国35个大城市15年房地产价格泡沫的理性部分和非理性部分进行成分分解，发现中国住房资产的价格泡沫中非理性成分占比不容忽视：一是因为房地产市场透明度低、信息摩擦大；二是因为地方政府对土地财政高度依赖；三是在长期的土地财政背景下投资者对房价上升产生坚定的认知和预期。李春风等（2019）基于微观个体有限理性假设，考虑家庭异质性（耐心与非耐心），住房资产泡沫由可预期泡沫（与经济基本面相关）、自我修正泡沫（理性成分）、惯性泡沫（非理性成分）三部分组成，居民对住房投资的非理性偏好、收入差距扩大均会加剧房地产市场价格泡沫。宋玉臣、李洋（2020）构建非线性状态转换向量自回归（MS-VAR）模型，通过观察转移概率矩阵和投资者情绪中的理性成分和非理性成分，分析发现单一的理性或非理性情绪对泡沫膨胀起有限催化作用，尽量降低信息摩擦、提高交易透明度对于稳定市场信心、化解泡沫破裂的风险事件至关重要。

第二节　房价泡沫及其演进历程

人们通常根据价格的上涨与波动情况来判断是否存在泡沫，当资产价格涨得过快、过高、过猛时，对泡沫的担忧和警觉就会增加。实际上，这只是资产价格的异常“表象”。

具体到房地产市场，与其他资本市场相比，更是具有很多异质性和结构特征。考虑到消费者偏好的异质性和投资者各自所面临的不确定性，房地产市场上的活动受到不同住房类型、土地和房屋资产价格、土地转换率、不同住房类型存量的显著影响（Anas and Arnott，1991），家庭成员结构和住房的绝对区位也使住宅的边际商品价格变动趋势更加复杂（Yu，2006）。此外，房地产市场泡沫破裂的后果不仅在于金融风险，还可能是大规模社会动荡（葛红兵，2003）。Hui 和 Yue（2006）将房价泡沫的存在解释为住房价格和市场基本面之间反常的交互作用，认为泡沫的规模和演变趋势能够较好地服从实际价格和预期价格之间的偏差。Nneji 等（2013）指出，地产市场的周期性和明显的价值高估证明房地产价格存在两种偏离基本面的泡沫——内生泡沫和理性的投机泡沫。在这其中，市场对租金波动的过度反应承担一大部分责任。若是楼市风向不稳定，城市结构的变迁将会受到市场价格波动的迷惑与干扰，甚至可能导致本应用于造林、绿化的土地被挪为他用或原本最优配置的农业用地受到破坏，进一步造成社会问题和环境问题。

一　房价泡沫的测度

测度方面，针对具体的房地产市场，综合来看，有“租售比”“房价收入比”“住房空置率”等测度指标受到广泛使用。

从经济意义上看，“房价收入比”更能反映居民购房承受能力和支付能力。吕江林（2010）对“房屋租售比”“住房空置率”“投资性住房与自住房之比”“房地产贷款占比”“房地产业利润率”等指标一一论证，从我国居民的置业习惯、入住滞后性、数据统计可行性等方面评价这些指标对于衡量房地产价格泡沫的不合意性，认为“房价收入比”这一指标一是能够通过现有的统计数据计算得出；二是能够较好反映房地产市场泡沫所蕴藏的金融风险，对应于我国房地产市场和金融市场紧密关联的现状，既有统计意义，又有重要的经济含义。刘海云、吕龙（2018）将住宅的基础价值视为未来房租现金流的折现，并使用可支配收入作为其替代变量，进而测算房价泡沫。周小亮、李广昊（2021）也指出“房价收入比”能更好反映地区间收入差异和各地居民的房价承受能力，更契合“泡沫”概念，并进一步基于该指标分析房价泡沫如何通过扭曲资本和劳动力的要素市场制约经济增长。张川川等（2016），张炜（2017），郭文伟、李嘉琪（2019）等研究认同并沿用这一指标。

从实际应用上看，“租售比”在反映楼市泡沫现实情况上表现更合意。周晶、郭明英（2020）在“租售比”指标上引入地区间差异、在“房价收入比”指标上引入未来家庭收入的增长预期，对中国35个代表性城市的房地产市场泡沫进行测度。平新乔、董兴（2021）认为预期租金的折现是住房内在价值（基本面）的更好度量，因此“售租比”这一指标是房价泡沫的更好反映。陈钊、申洋（2021）认为“房价收入比”更多反映居民的购房承压能力，基于房价反映居住需求和投机需求双重需求，而租金只反映居住需求这一现实，也同意“房价租金比”是反映房地产市场泡沫程度的更合意指标。

从统计检验和模型测度看，除了运用以上指标体系测度房价泡沫，既有研究还通过统计检验或市场供求模型来判断房价是否长期收敛于均衡市场价格、蕴藏泡沫的程度大小。王锦阳、刘锡良（2014）引入房地产回报率的时变性及风险溢价，构建包含基本价值和泡沫成分的房地产基本价值模型。郭文伟（2016）沿用国际主流方法（Phillips et al.，2011，2015a，b），基于单位根右侧 ADF 检验向前递归识别泡沫，测度 21 世纪以来中国的综合房价泡沫、住宅泡沫、办公楼泡沫、商铺泡沫等多维度的房价泡沫，并分析其对应影响因素。沈悦等（2019）将由供求因素共同决定的房地产市场基本面认定为均衡基础价值，结合适应性预期（Adaptive Expectations）理论①反复迭代求得该基础价值，并以实际房价距离该价值的偏离测度房价泡沫。于雪（2019）建立状态空间模型测算日本东京和中国上海在房地产市场供求相等下的均衡价格，将房地产市场价格与均衡价格相比较得到房价泡沫。郑挺国等（2021）将住宅价格是否发生过快的增长作为泡沫是否存在的依据，以房屋市场价值偏离房产预期收入的程度定义为泡沫，即对数形式的“房价租金比”指标的爆炸式过程作为房价泡沫的测度。

二　土地、债务与楼市泡沫

土地价格是房地产价格泡沫的底层逻辑。作为最古老的农耕大国之一，土地问题自古以来就是中国的根本问题，与社会民生息息相关。

---

①“适应性预期”与“理性预期”相对应，指人们会根据过去的经济变量调整当前预期并预测未来。

（一）制度演进

历史上封建社会各种形式的土地私有化（战国时期的商鞅变法、秦汉时期的土地私有制和地主土地所有制、三国时期的屯田制、隋唐时期的均田制、北宋时期的“不立田制”、明清时期的屯田制等）不断尝试对土地制度进行新的改革，但豪强兼并和地租剥削的问题仍反复出现，得不到根治。清末民初太平天国的《天朝田亩制度》和新民主主义的“平均地权”主张都体现了人民共同拥有土地的美好愿望，但在当时的社会环境下未得到落实和推行。

其后，中国首先经历了 1927—1937 年的土地革命（“打土豪”“分田地”）和新中国成立后全国范围的土地改革（始于 1949 年冬的准备阶段，到 1953 年春基本完成），实现“耕者有其田”，形成“农民土地所有权”的新兴土地私有制结构（杜润生，2005）。1953—1957 年，土地制度在“一化三改”下进一步改革。农业合作化运动实现了农村土地所有权和使用权的分离，但同时弱化了农民的土地支配自主权，对农业生产积极性产生较大打击；资本主义工商业、个体手工和私有房产的社会主义改造也实现了城市土地的国有和集体所有化，但在私房改造过程中也衍生出较为突出的社会矛盾。1958—1977 年，在“大跃进”“人民公社运动”“文化大革命”等剧烈政治波动中，城市土地或通过自愿变卖或通过强制征收实现了事实上的国家所有，农村土地也被无偿收归人民公社所有。这一时期的土地制度安排既不是共有合作的私有产权，也不是真正意义上的国家所有权（周其仁，2004），遗留下了包括城市经租房的产权认定和补偿问题、农民丧失土地所有权和剩余价值索取权后粮食危机的长期化、普遍化问题等诸多难解之题。

改革开放后，1978—1985 年，土地制度探索调整：农村方面，农民自发探索的土地承包责任制度催生土地所有权和使用权的“两权分离”，“包产到户”从非法到合法的推进在保持土地集体所有的条件下充分调动农民自主经营的生产积极性。城市方面，1982 年

《宪法》规定“城市的土地属于国家所有”，以专设条文形式明确土地的国有属性，但由于对如何向国有制形式转变、土地财产权如何界定等问题准备不足，且城市边界并非天然划分，仍然遗留下包括征地拆迁纠纷等历史问题，私房改造的产权问题也留了“尾巴”。1980 年，邓小平提出“提倡建议个人建房买房”的设想、北京市住房统建办公室的挂牌和中国房地产开发集团（即“中房集团”）的成立为房地产开发和住房制度改革拉开序幕。1986—2006 年，土地制度变革加速创新，具体表现为：一方面，1986 年《土地管理法》的出台和国家土地管理局的成立，对土地所有权与使用权分离的正式完成，使用权的确认使得土地的资产属性得以回归；另一方面，国有土地有偿出让制度初步确立，上海、深圳、海南、天津等试点城市探索土地出让活动（客观上也衍生出违法占地、圈地运动和后期的“土地财政”问题）。1988 年，万科改组并正式进驻房地产行业，成为中国早期商品房开发企业之一，并于 1991 年在深交所挂牌上市，全国房地产公司数量也从 1988 年的三千多家扩张到 1993 年的三万多家，增长近十倍。即便如此，由于国民消费能力不足、民营资本受限制等客观原因，1993—1998 年中国房地产市场仍由国企主导，平均每年房地产竣工面积只有 500 万平方米。1998 年，国务院发布《关于进一步深化城镇住房制度改革加快住房建设的通知》（国发〔1998〕23 号），中国房地产市场真正进入市场化阶段。2007 年，《物权法》出台，整合并完善用益物权制度（《物权法》设置的用益物权体系包括土地承包经营权、建设用地使用权、宅基地使用权、地役权），组织建立不动产统一登记制度，明确土地所有权、用益物权、担保物权等权利形态。党的十八大以来，《土地管理法》《城市房地产管理法》《城乡规划法》等法律法规的修订向乡村振兴、集体经营性建设用地入市等新方向转变，并逐渐形成我国特有的土地制度。

总结来看，我国土地制度有以下特征：一是土地所有权呈现“城市土地国家所有”和“农村土地集体所有”的二元结构，土地使用权可进行有偿、有限期的转让；二是土地的开发利用实行用途管制；三是国有土地有偿使用，集体经营性建设用地的使用权可抵押并进入市场交易；四是农民的住房财产权、使用权、所有权是“三权分立”的，前两者可抵押或转让，后者属集体所有，不得抵押或转让。

（二）土地财政

新中国成立和改革开放以来，土地制度的一步步变迁和演进是以维护人民群众土地财产权益、越来越体现土地资本属性和资产价值为走向的，但同时也衍生出城乡土地价值失衡、不同城市房价分化、土地指标资源错配等问题。到 2021 年，全国地方政府性基金预算本级收入 93936 亿元，其中国有土地使用权出让收入 87051 亿元，土地出让金为地方政府创造的收入高达 92. 67%，地方政府土地财政依赖度极高。

1993—1995 年，由于此前的“财政包干制”下财政预算收入中中央财政占比、全国 GDP 中财政预算占比双双显著下降，国家财政能力和宏观调控能力越来越弱（周飞舟，2012；兰小欢，2021），国家财政制度发生系统性变革——分税制改革应运而生。1993 年 11 月，党的十四届三中全会审议通过《中共中央关于建立社会主义市场经济体制若干问题的决定》，开启分税制改革，分设国税局和地税局，将与国家利益、宏观调控密切相关的关税、铁路营业税等划为中央税，地域性和地方征收便利的房产税、耕地占用税等划为地方税，密切关乎经济发展的划为共享税。值得注意的是，分税制改革设立“共享税”这第三种税制，改革前增值税（在全国税收收入中规模最大）归地方征收管理，改革后变为共享税（中央：地方 = 3：1），企业所得税和个人所得税作为共享税，中央和地方财政的征收比例为 3：2，大大限制了地方政府的融资渠道和财政来源。1994 年，《中华人民共和国预算法》的通过强化了国家对预算的统一管理、分配和监督，1995 年的《中华人民共和国担保法》进一步规定国家机关不得作为保证人。分税制改革通过独立于地方政府的国税系统的建立强化中央的税收征收和管理能力，地方无法再向当地企业收取预算外收入。

1998 年，中国结束福利分房制度，住房分配从实物化向货币化转变，住房供给逐渐商品化，房地产行业真正进入市场化时代（图 2.1），并快速扩张：1998 年当年新开工面积从 7730 万平方米迅速增长到 22166 万平方米，年均增长 23.0%；当年土地开发面积也从 20388 万平方米扩张到 54708 万平方米，年均增长 21.8%。同年 8 月，中央修订《土地管理法》，一是规定农民所有的土地不得出让、转让使用权或出租于非农建设，由地方政府把控乡镇企业[①]；二是规定任何单位或个人在使用土地建设前，必须向地方政府提出申请，

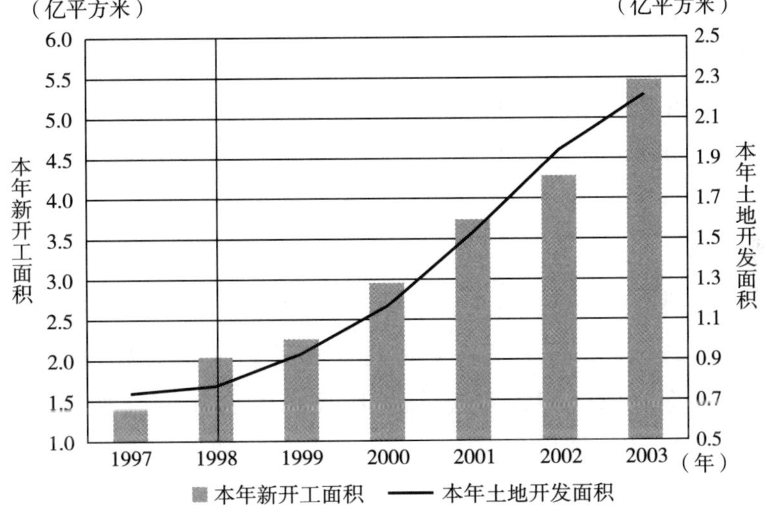

图 2.1 1998 年前后中国房地产行业土地开发对比

资料来源：Wind 数据库、CSMAR。

---

① 此举意在规范乡镇企业发展，矫正集体建设用地市场布局分散、盲目竞争、重复建设、污染环境、浪费资源等弊端，规范并促进农村经济发展。

通过协议、招标、拍卖支付土地使用权出让金[①]。国际国内方面，1994 年的人民币贬值和全面出口退税制度吸引大量外资，驱动外向型经济和制造业生产的强力发展，地方政府也在同一时期的国企改制后大力发展劳动密集型经济。其间，制造业发展红利也驱使地方政府通过压低工业用地价格、放松对劳动者工作时间和安全环境的保护、放任企业污染排放程度等方式招商引资、大兴基建，大力发展工业化和城市化来为地方财政筹集资金[②]。

在分税制改革给地方财政带来危机、改革开放和市场经济的东风给城市化带来新机的同时，地方政府“顺势而为”垄断土地建设，并将其发展成为扩充税源的绝佳手段。2002 年，为了整治土地开发过程中的寻租和腐败，使土地转让过程变得透明有序，国土部明确商业、旅游、娱乐、房地产这四类经营用地实行土地“招拍挂”制度，旨在遏制腐败、保护土地供求市场的市场化和公平竞争。但在相关配套措施尚未健全的情况下，这一制度给了地方政府巨大的激励来大量征收农民土地、大量出让并抬高土地价格。

如图 2.2，房改后地方政府的土地转让收入和房企的经营总收入双双激增，到 2003 年土地出让收入已占据地方公共预算收入的五成以上。如图 2.3，1998—2004 年中国房地产行业企业数量增加 34864 家，年均增长 16%，相较房改前的 1994—1998 年间增加 6 家、年均增速基本为 0，发展迅猛；同一时期，中国房地产行业平均从业人数增加 37.95 万人、年均增长 11.0%，相较房改前的 1994—1998 年增加 16.58 万人、年均增长 5.8%，同样出现明显扩张。

---

① 在上一条的基础（即农村集体土地不能直接参与非农建设）上进一步限制流转。

② 这段时间以短期增长和税收最大化为目标的短期增长方式衍生出非常严重的土地问题、劳工问题、环境污染问题（Gallagher，2006）。

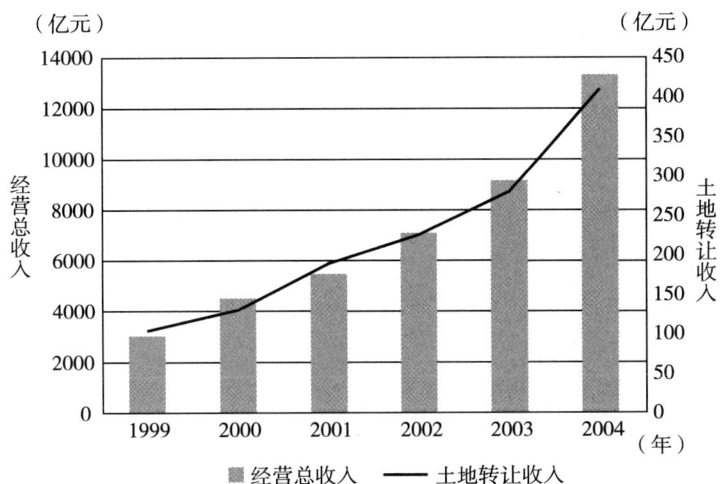

图 2.2 "房改"后征地"水涨船高"

资料来源：CSMAR、Wind 数据库。

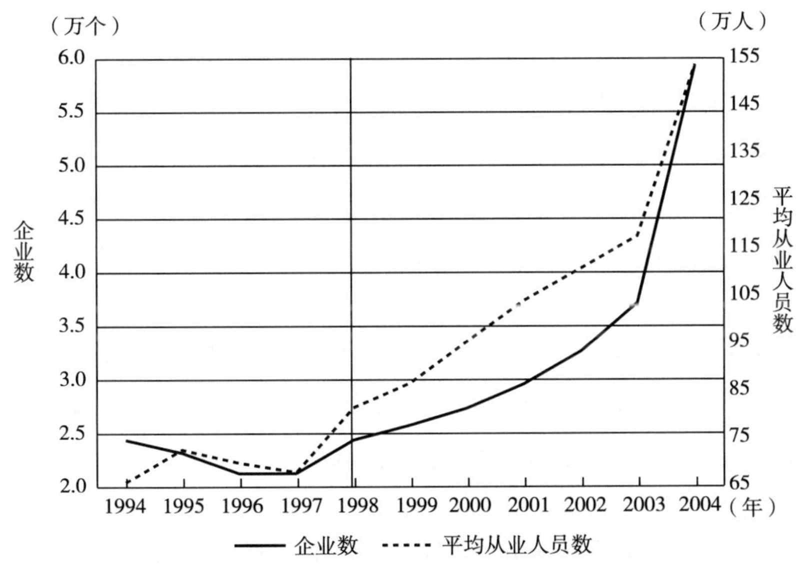

图 2.3 "房改"后楼市"蒸蒸日上"

资料来源：CSMAR、Wind 数据库。

在接下来的 20 年里，土地财政这一发展模式融通政府收支，工业园区建成，大批企业被吸引入驻，公交、地铁、学校、医院等公共基础设施建设迅速建成，土地财政对21世纪早期工业化和城市化的迅速发展功不可没。然而，随着“土地收益↑→当地政府财源↑→产业发展收到的补贴↑→产业竞争力强”这一正向反馈循环在各个城市不断反复，从土地到经济的收益转移不断发生，地方财政与土地市场、房地产市场之间的联系越来越紧密，地方政府对土地价值、房价的依赖程度越来越大，最终演变成为“房地产行业是国民经济的支柱产业”“楼市波动牵一发而动全身，房价泡沫破裂对宏观经济各个领域的打击是全面性、系统性的”这样一个特有的房地产市场形态。地方政府对土地财政的依赖越来越强，也衍生出土地资源利用效率不高、区域间土地指标分配不均、制造业同质化和产能过剩、城市房价分化等一系列问题。

2008年，美国次级贷款市场崩盘并迅速波及全球市场，国际金融危机给世界主要经济体带来沉重打击。虽然中国当时金融系统和资本市场的市场化水平和开放程度并不完全，但美元资产在外汇储备中的占比已高达七成，且处于出口依赖性较强的阶段，全球经济的衰退引起外需断崖式下降。此后造成深远影响的“四万亿财政刺激计划”也是为应对净出口暴跌、总需求不足而采取的“救市”之举。

“四万亿财政刺激计划”中，重大基础设施建设、保障安居工程等投资项目集中安排在两年内进行，且项目集中于固定资产、建筑业，房地产市场受到较好托底。此外，2008—2009年，人民银行7次降低基准利率，中国房地产市场迅速回温，各地房价平均增长近30%，并在此后十年不断扩大房地产开发（尤其是住宅）的投资规模，这一点从每年的新开工房屋面积增长中也可见一斑（如图2.4、图2.5所示）。

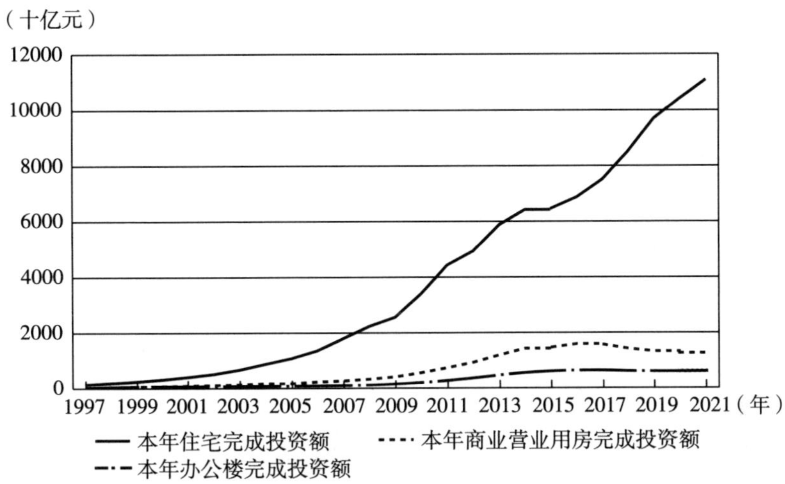

图 2.4　近 20 年房地产行业投资情况

资料来源：Wind 数据库。

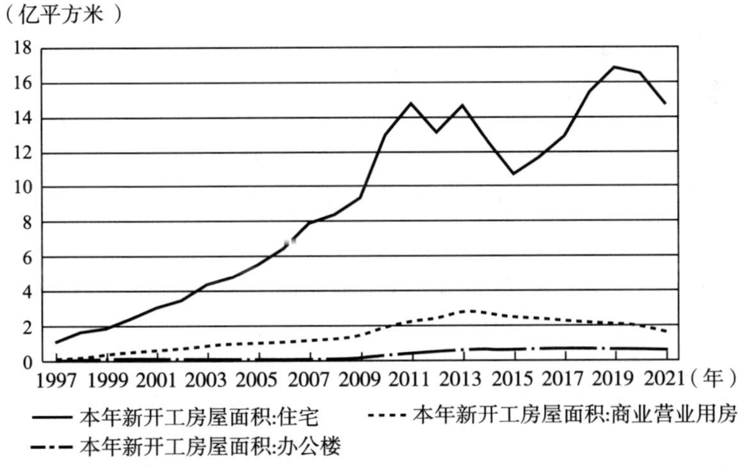

图 2.5　近 20 年房地产行业开发情况

资料来源：Wind 数据库。

进一步观察大中城市①新建商品住宅价格指数、二手住宅价格指数（图 2.6），可以看到早期“国五条”、二手房交易加征 20%个税（2013—2014 年）对于 2013 年急剧增长的房价调控作用明显，但棚改货币化安置②后限购、限贷、“认房又认贷”、首套房和二套房首付比例上调、贷款利率上浮、“因城施策”等全方位的调控手段仅在 2017 年对房价有些微抑制作用，房价普涨的大趋势始终未变。

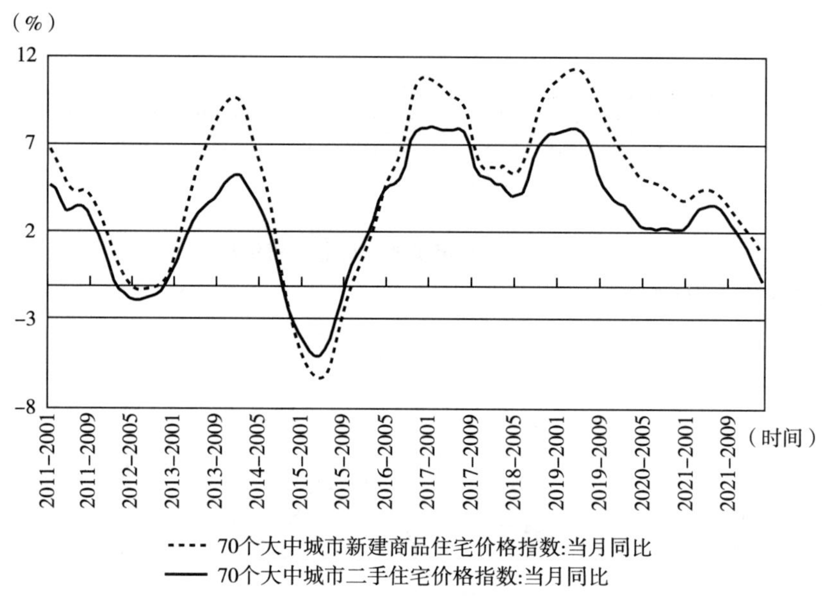

图 2.6　2011—2021 年 70 个大中城市新建商品住宅价格指数（当月同比）

资料来源：Wind 数据库，国家统计局。

---

① 根据城市规模，中国将城区常住人口为 50 万以下的城市划分为小城市、城区常住人口在 50 万—100 万的划分为中等城市、城区常住人口在 100 万—500 万的划分为大城市、城区常住人口在 500 万—1000 万的划分为特大城市、城区常住人口在 1000 万以上的城市划分为超大城市。国家统计局按月发布全国 70 个大中城市的房地产价格统计数据。

② 指的是政府给拆迁的棚户区住户补贴货币的安置方式，让这些住户自行重新购置住房。

最终，中国老百姓在二十多年的房地产市场发展历程中总结出了一个规律并流传甚广：房子是唯一跑赢通胀的保值投资品。

（三）政府债务

中国最早的一批地方政府债务随改革开放后20世纪80年代初期的城投公司成立而出现，债务规模较小。最早的政府债务风险是在20世纪90年代的国企改制潮中显现的：80年代，生产资料部门实行双轨制价格改革，以乡镇企业、地方国有企业为主体的发展模式兴起，企业生产积极性和资源配置效率得到一定提高，但严格的地区保护和严重的市场分割下简单再生产、项目重复、投资过热等现象也逐渐显露，央地政府的激励不相容问题也越发严重。

20世纪80年代后期，中国开始出现第一次较为严重的通货膨胀，并于1988年演变得更为严重（如图2.7），双轨制下的计划价格（牌价）和市场价格（议价）之间的“剪刀差”越来越大。作为政策应对，宏观经济各层面进行包括财税、价格、贸易在内的全方

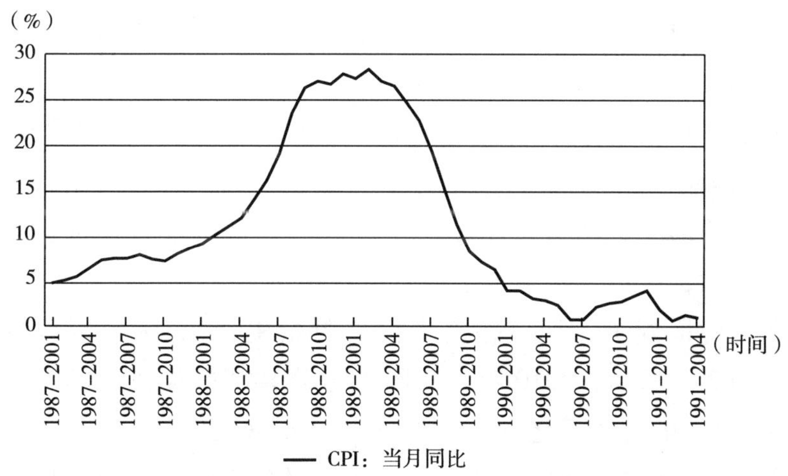

图2.7　20世纪80年代后期的通胀

资料来源：Wind数据库。

位改革[①]，中央集中力量整治经济秩序和市场环境：一方面控制货币超发来抑制通货膨胀；另一方面压缩基建投资、消灭财政赤字，熨平经济波动。

1997 年，亚洲金融危机爆发。为了保持经济和金融的稳定，中国采取一系列积极的政策措施，其中就包括推行“国债转贷”的地方政府融资模式，由财政部将部分的国债“转贷”给省级政府，支持各地经济建设和社会发展项目。虽然国家对债券资金的使用要求具体落实到相应项目，这些资金确实也对经济发展起到明显的促进作用，但由于国债转贷资金的利用需要地方配套资金的支持，这不可避免地变相激励了地方政府的举债行为，没有独立举债权限的地方政府开始不断通过地方融资平台寻找新的融资渠道。在这之后的十年，随着城市化、工业化、市场化程度的加深，地方政府通过国有企业融资，债务规模扩张，在土地出让收入带来可观税收的平衡下没有形成债务风险。然而 2008 年，国际金融危机爆发，“四万亿财政刺激计划”紧急出台，短期内的巨大财政资金缺口给央地政府带来巨大压力。为鼓励有条件的地方拓宽投资项目的融资渠道，人民银行和银监会于 2009 年联合印发《关于进一步加强信贷结构调整 促进国民经济平稳较快发展的指导意见》（银发〔2009〕92 号），支持地方政府积极组建投融资平台。同时，在经济增长和地方考核指标的第二、三重“激励”下，大规模基础建设投资也受到了极大的鼓励，这进一步加重了地方财政压力。

在这种情况下，地方融资平台“野蛮生长”，债务规模急剧扩张。如图 2. 8 所示，2010 年，全国地方公共部门债务中的融资平台债务从 2008 年的 2 万亿元急速扩张到 10. 98 万亿元，增长 4. 5 倍，融资平台的总体数量也从 2008 年上半年的约 3000 家扩张到 2010 年末的 6500 多家（张明、孔大鹏，2021）。

---

① 关于“价、税、财配套改革”，中国经济体制改革研究会（2018）的记述非常详细。

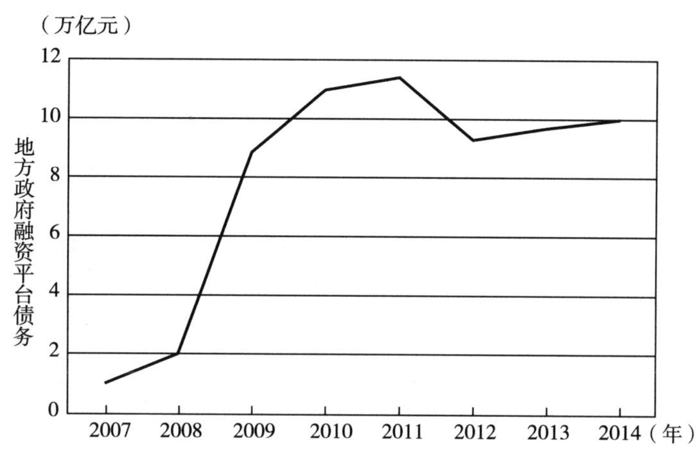

图 2.8　地方融资平台债务膨胀

资料来源：Wind 数据库。

除了地方融资平台的野蛮扩张之外，地方政府债券也在“四万亿财政刺激计划”的配套财政压力下受到了更多鼓励，作为地方政府举债融资能力逐渐解除限制的另外一个表征。2008 年，国务院建立地方政府债券特别许可发行的“代发代还”模式，由财政部代理发行并还本付息。债务的实际承担主体为各省级政府，预算纳入省级的公共财政预算管理，同时，省级政府有权将发行债券所得到的资金转移到下一级政府使用。仅 2009—2010 年，经财政部“代发代还”的地方政府债券规模就已经达到 4000 亿元，2011 年，我国进一步放松地方政府的自主发债权，在江浙沪、广东、山东等部分省市开启“自发代还”融资模式，国务院批准地方政府在一定限额内自主发放债券，继续由财政部代理发行、进行本息偿付，2011—2013 年的“自发代还”融资规模达到 1170 亿元。2014 年，中央政府扩大“自发代还”融资模式的许可范围到江西、宁夏、北京等 10 个省份，并进一步拓展“自发自还”模式，在债券发行期限上也给予相应延长，只在年度发行限额上仍然保持严格管控。

虽然地方举债能力的增强对推动经济社会发展发挥了良性作用，

但快速的债务规模扩张还是带来了融资成本过高、预算管理不健全、风险防控薄弱等诸多问题。这些债务风险的暴露自然也引起了中央政府的担忧和重视：首先是对于地方融资平台的管制。2010 年，国务院发布《关于加强地方政府融资平台公司管理有关问题的通知》（国发〔2010〕19 号），银监会在 2011 年、2013 年连续出台《关于加强融资平台贷款风险管理的指导意见》（银监发〔2011〕110 号）、《关于加强 2013 年地方政府融资平台贷款风险监管的指导意见》（银监发〔2013〕10 号），严查违规担保行为，将地方政府公共债务和融资平台债务进行明确区分，密切监测到期的融资平台贷款风险，根据资金用途和偿还来源对融资平台债务科学分类。2014 年，中央发布《国务院关于加强地方政府性债务管理的意见》（国发〔2014〕43 号），彻底剥离融资平台公司为政府债务融资的职能，地方政府依靠融资平台公司新增债务的渠道终于被切断。与此同时，地方政府债券发行的监管也受到重视。《全国人民代表大会常务委员会关于修改〈中华人民共和国预算法〉的决定》于 2014 年通过，明确地方政府发债的资金用途仅限于公益性资本支出，不得用于经常性支出，并建立以吸纳额管理、预算管理、信息公开、风险预警、应急处置机制健全、风险分类处置、常态化监督的地方政府公共债务的“闭环”管理体系，这些政策旨在从制度层面和法律层面解决地方政府债务的“借”“管”“还”问题，以期规范地方政府债务市场的发展。

然而，由于审计低估等客观原因和激励机制不相容、地方政府的大量融资需求找不到出口等结构性矛盾，地方政府债务的大规模扩张并没有得到实质性的遏制，反而向不均衡、隐性化的趋势发展，并产生一系列风险和隐患。第一，商业银行等金融机构认为城市建设、管道工程等有较强政府背景的投资项目有财政作为兜底，资产质量有保障，盲目在政府项目上倾斜过多的信用额度，相反对民间投资则更为谨慎，存在严重的“信用幻觉”问题。第二，由于公共债务普遍面向基建项目、公共服务投资，周期长且回报慢，衍生出严重的期限错配问题。第三，由于发行地方政府债券的权利仅限于省级政府，投融资需求更加多样灵活的市、县级政府直接融资渠道反而受限，只能依靠融资平台公司和地方国企间接融资谋求发展，其融资成本更高、债务规模更庞大、还债压力也相应更大。① 第四，2014 年的各项规范整顿措施虽然对地方政府的显性债务规模起到了良好的控制效果，但严监管下隐性债务受到更大鼓励。从 2015 年至今，地方政府以融资平台和国有企业的名义发债的意愿更加强烈。更为严重的是，由于金融风险的集聚和暴露下监管收紧，商业银行显性债务呈现“隐性化”趋势，特别是 2016 年开始，地方政府通过各类发展基金、引导基金、信托、影子银行、PPP 项目、购买服务等多样化举债方式补全财政收支缺口，非银贷款和表外资产隐藏大量风险隐患。到 2018 年底我国地方政府的隐性债务规模达到 21. 39 万亿—45. 14 万亿元，远高于 2018 年地方财政收入 9. 79 万亿元的规模（汪德华、刘立品，2019）。最后，这些庞大的财政债务风险隐患加大了当地金融机构的风险暴露，最终传导到整个金融体系当中，形成系统性金融风险。

（四）预算软约束

与随着中国分税制改革、住房市场化改革应运而生的“土地财政”现象相关，近年来地方经济发展模式还有一个重要表征：预算软约束。其实，近年来我国的产能过剩和上面所提到的政府债务堆积问题突出，预算软约束也都是背后的共同的诱因。

预算软约束（Soft Budget Constraint）最早由匈牙利经济学家科尔奈（János Kornai）提出（Kornai，1979，1980），他以水利系统模拟宏观经济，蓄水池有（无）水龙头是企业预算约束的硬（软）标志。对于预算面临硬约束的企业，消费价格水平和名义收入可被看作蓄水池的“水龙头”，管理消费品交易数量这一蓄水池的“水

① 根据 2011 年的审计署报告，省级、市级、县级政府的地方公共债务规模占比分别是 29. 96%、43. 51%、26. 53%。

位”，进而决定消费品市场的短缺程度。对于预算面临软约束的企业，没有水龙头意味着蓄水池中的水自由流动，消费端的购买需求也不再制约企业的财务决策。在这种情况下，企业的任何投资风险都被规避，没有破产可能，预算约束也变得无效，陷入对当前生产“永不满足”的扩张需求当中。

若是将预算硬约束、软约束两类企业放在一个蓄水池中，蓄水池将因为虹吸现象将软约束部门的影响传导到硬约束部门中：以某一片区公寓突然涨价为例，当房租涨幅足够高，那么具有预算硬约束的家庭部门在支出敏感性的驱使下将自动搬到便宜的小公寓去，这些空出来的公寓将慢慢被面临软预算约束的企业拿来作为商业楼办公使用，“虹吸效应”导致剩余房租从家庭端自动传导到企业端。

预算软约束与产能过剩。一般情况下，“通胀”和“产能过剩”这两种经济现象不太可能并存：当原材料价格上涨时，厂商将自动减产以止损。但在存在预算软约束的经济社会中，“产能过剩”和“通胀”可能并存：预算软约束的企业并不会因为原材料价格上涨而削减生产，不再需要在“通胀”和“减产”中做出权衡，而是直接将成本上涨转嫁给消费者，造成市场失灵。与此同时，在预算软约束下，企业要素投入的扩张同样没有止境，就业市场上的劳动力需求曲线也缺乏弹性，一直停留在供给最充分的水平上。

过去十年，中国经济产能过剩现象突出：如图 2.9 所示，工业产能利用率从 2013 年以来阶梯下滑，从最高的 76.8%萎缩到 2016 年第一季度的 72.9%。“十三五”时期，中央推进供给侧结构性改革，以“三去一降一补”（去产能、去库存、去杠杆、降成本、补短板）为重要任务，通过严控新增产能、等量或减量置换、提高排放标准、存量产能去化等方式压减钢铁、煤电、水泥、玻璃等行业的过剩产能。2016—2017 年，整个工业产业产能利用率得到短暂性的有效提高，但自 2018 年初又开始一路下滑，产能过剩现象没有得到有效缓解。

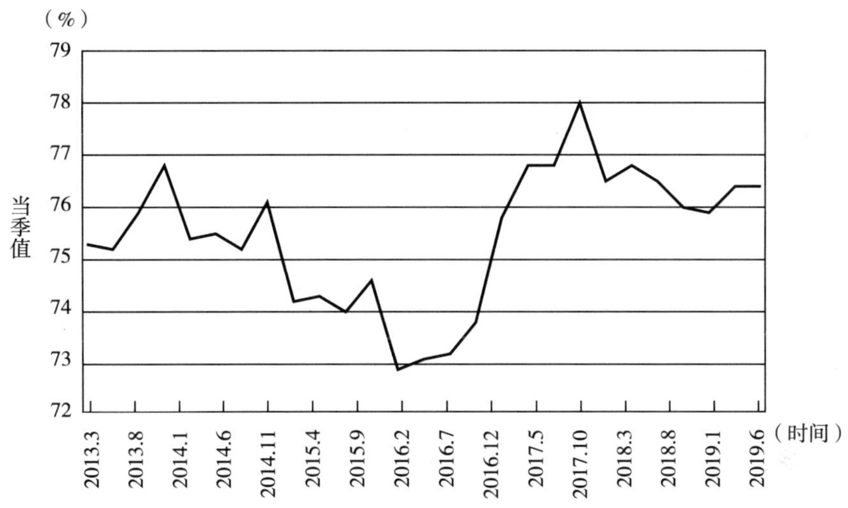

图 2.9　2013—2019 年中国工业产能利用率

资料来源：Wind 数据库。

预算软约束的表现。预算软约束在政府扶持领域表现明显。上一章提到的“房利美”“房地美”受美国联邦政府支持逐渐演变得“大而不能倒”(too big to fall)、集聚全美次贷市场风险、最终爆雷，它们是预算软约束企业的典型代表。具体到我国，城投公司、地方关联国有企业、地方融资平台、以“土地财政”供养地方税收的房地产企业都是政府隐性担保的重点。隐性担保在债务规模较小或经济繁荣的时期并不明显，但随着债务规模扩张，一旦经济受到负面冲击或市场情绪不稳，其中蕴藏的债务风险便浮出水面，并进一步触发悲观预期的形成，引发宏观经济波动。

20 世纪 90 年代初期，邓小平的“南方谈话”启动新一轮的市场化运动，民营企业投资和外资实现较大增长空间。但与此同时，相对效率低下、技术水平有限的地方国企和相关联的乡镇企业的盈利空间进一步受到挤压，工业总产值出现负增长，企业坏账积压，国企信贷软约束造成金融乱象。1993 年，国务院颁布《关于金融体制改革的决定》，建立强有力的中央银行宏观调控体系，将工、农、中、建四大国有银行商业化，突破原有产业划分，打破行业间的垄断。商业银行的“企业化”大大降低了信贷软约束的程度，在很大程度上削弱了国有银行的地方分支机构为当地国企提供无限担保和资金支持的能力。在这种情况下，地方国企和乡镇企业的亏损越来越严重，这也是90年代著名的国企重组、改制浪潮的由来。①

在改革开放后的二三十年，中国的预算软约束问题其实得到了很好的缓解，私营部门的迅速发展、国有中小企业的民营化和大量新的民营企业的崛起“硬化”预算约束，在经济下行时生产效率不够高、产品不够创新的企业将因业绩亏损、资不抵债而自动破产，过剩产能和低效企业被自动淘汰，市场中只留下老牌优质企业和初创新生企业，经济达到新的平衡状态。

在国企改制走向“硬约束”和市场化的同时，大型国有企业的预算软约束问题并没有得到根本解决。1999年《中共中央关于国有企业改革和发展若干重大问题的决定》明确“抓住关键少数，放开一般多数”的整体部署，在“一般多数”市场化放开的同时，“关键少数”的大型国有企业受到重点扶持和培育，以资本为桥梁，通过改造大型国企、向国有制银行大量注资并剥离坏账等措施，借助市场搭建在各区域各行业都具有强大竞争力的国有大型支柱企业。

（五）次生问题

其实从住房商品化改革以来，众多学者都不断总结，并指出土地财政、预算软约束、隐性担保等问题带来的诸多隐患。

如从土地供应者（即开发商）的行为和偏好出发，况伟大（2005）构建刻画房价和地价关系的住房市场模型，并进行经验检验，得出政府应扩大土地供给、适当提升容积率来应对房价上升。曹广忠等（2007）指出，现行政绩考核体制下，地方政府低价出让

① 这同时从财政的角度解释了本章第二节中分税制改革的出现缘由——地方国企的利润下滑一方面降低了上缴中央的财政税收；另一方面同时连带上游央企增长失速，中央财政预算收入急剧下滑。

土地、过度投资房地产业等行为对中国2000年后的房价攀升负很大责任。张宝林、潘焕学（2013）指出影子银行系统的迅速膨胀催生的大量投机性购房需求和系统性金融风险对房地产价格泡沫“功不可没”。陆铭等（2014，2015）认为当前一线城市的过高房价来自市场对城市化的理性预期，在城市化进程带来的住房需求增速明显高于供给增速时，消费者对住房价格形成看涨预期，并通过正反馈循环推动房价进一步上升，泡沫成分进一步扩大。2003年前后土地政策的一系列变动（包括严格建设用地管理、土地供给“招拍挂”制度的全面推行、用地政策的空间布局上不断向中西部倾斜等）：一方面造成东部城市土地供应紧张，房地产市场供求关系失衡下房价显著提升；另一方面造成“地广人稀”的中西部地区土地资源配置效率受到损伤，房地产市场供大于求，出现了严重的房屋空置和资源浪费，总体表现为全国区域分布上的房价分化和供求失衡。韩立彬、陆铭（2018）的经验研究也指出，沿海城市和内地大城市土地供给受到的严重限制是这些城市房价上涨的重要原因。赵扶扬、陈斌开（2021）再次强调东西部土地配置中兼顾“效率”与“公平”的重要性，建议要将土地资源的配置和户籍制度的改革相适应。Dewatripont和Maskin（1995）；平新乔（1998）；Kornai等（2003）；林毅夫、李志赟（2004）；Robinson和Torvik（2009）；龚强等（2011）；李广子、李玲（2009）；马骏、王红林（2014）；中国人民银行营业管理部课题组（2017）；孟宪春等（2020）则分别从中心化与分散化的经济体制、动态承诺问题、政府对国有企业的政策性负担、政党满意度、财政分权、资产价格理性泡沫、政策利率传导效率、金融加速器、抵押约束机制等角度展开对预算软约束的研究，从预算软约束到房价泡沫的传导路径也显露出来。

这些深层次的次生问题确实也引起了决策层的高度重视。从实际措施来看，相关改革也在不断推进，但除了全国整体房价急剧膨胀，工业用地和商住用地的价格扭曲、从沿海到内陆的“开发区”建设浪潮、城市住宅价格随城市规模分化加剧、金融“堰塞湖”等新的严重问题仍层出不穷。

工业用地和商住用地价格分化。2000 年前后，中国处于工业化发展初期，制造业对经济增长的带动和贡献作用极强：一方面能在相对较短的时期内贡献大量税收，同时创造就业；另一方面能够吸纳大量就业，同时通过规模效应带动产业链上下游关联企业的发展。

这样，当地方政府进行土地出让决策时，工业用地从税收、就业、产业发展等多维指标上优先于商业用地和居住用地，地方政府这个大“商场”自然在追求总收益最大化的约束条件下进行“入门费”（即土地出让价格）在不同“商铺”（不同产业结构）之间的最优选择与平衡（张五常，2017）。通过这种方式，招商引资不仅从投资角度贡献需求，还直接拉动高净值人群对商务、办公、住宅的消费需求。

在理性考量后，地方政府显然倾向于放出更多的工业用地（哪怕通过补贴、降价等方式），花大力气招商引资。于是，商、住用地指标被进一步挤压，在供应受限的情况下产生更多的溢价，最终造成工业用地和商住用地价格的分化（见图 2.10）。2000—2018 年，中国 100 个重点城市的土地出让成交价（季度平均）中，居住用地、商业用地分别从商业用地价格的 3 倍、2 倍增长到 10 倍、9 倍。到 2018 年第一季度，商业服务用地、住宅用地、工业用地的土地价格分别为 490 万元/亩、444 万元/亩、54 万元/亩（较 2008 年相比分化甚远）。[①] 全国住宅用地、工业用地的价格之比从 2003 年的 4.78 扩张到 2017 年的 20.19（陶然、苏福兵，2021）。

从沿海到内陆的“开发区”建设浪潮。1980 年，我国设立第一批经济特区（开发区），将深圳、珠海、汕头、厦门作为“试验田”探索区域性产业政策，通过为企业减税、土地优惠等政策吸引外资，取得一定成效。1984—1994 年，开发区经验得到推广，沿海城市、沿江城市、内陆省会城市相继设立经济开发区，到 2006 年全国已建

① 资料来源：Wind 数据库。

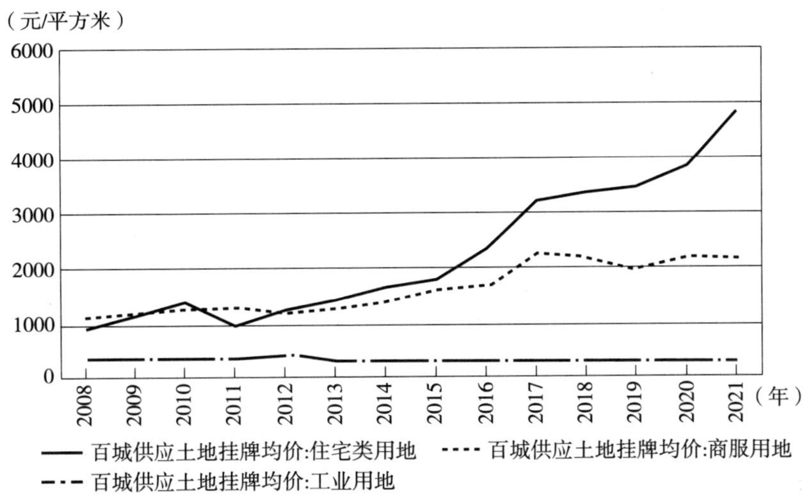

图 2.10 土地出让价格分化

资料来源：Wind 数据库。

立国家级开发区 222 个、省级开发区 1346 个。

对开发区给予的优惠政策除了关税减免、融资便利、较低的行政和制度壁垒、生产要素充分流动外，更重要的是，区内企业的用地成本得到了显著降低，这在相当长一段时间内对企业的迁移、选址、投资等决策产生深远影响。开发区的建设使得所在地方政府有更大的自主权进一步降低工业地价，吸引外资高端企业和国内优质民营企业进驻，同时给流失优质企业和财政税收的省市带来竞争威胁，迫使其他省份连带被“卷入”开发区建设的浪潮。这些省份中，有条件的通过经国家批准建立开发区通过优惠条件招商引资，没有条件的通过建立省级工业园区，千方百计留住企业、留住人才、留住税源。

如图 2.11 所示，在这一过程中，一方面地方政府在原有的税收激励下通过超低价出让工业用地吸引企业，并用新城建设、商住用地价量齐增的方式赚得高额的土地出让收益，弥补前期给工业用地价格补贴的“损失”、偿还前期为建设开发区和扩建新城的贷款，地方债务在反馈循环中越“滚”越大；另一方面工业企业自发向土地优惠力度更大的开发区、工业园区迁移，造成开发区外本被大量征用上来的建设用地直接闲置，造成土地的开发、利用、投资效率低下，土地资源错配。

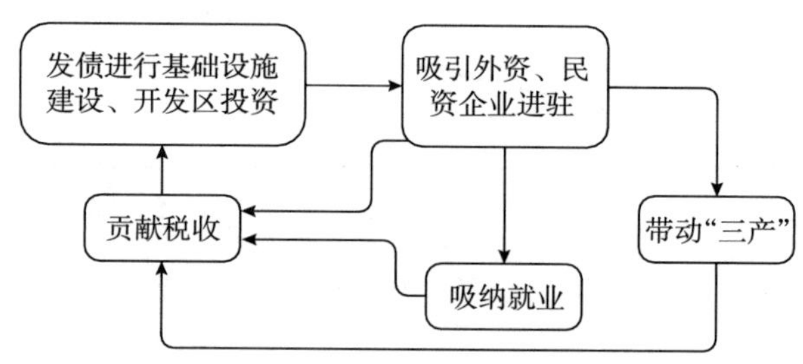

图 2.11　地方政府“借新还旧”的负反馈循环

房价的城市差距扩大与金融“堰塞湖”现象。虽然 2002 年“招拍挂”制度开始正式实施，但除了少数一线城市有较好的初始禀赋能集聚大量高净值人群和高收入劳动者，对房地产和高端服务业有足够需求之外，全国绝大部分其他城市更加看重的是通过发展制造业来实现对附加值更高的各类服务业的带动作用，通过第二产业对第三产业的溢出效应来“接二连三”获得从土地使用税、增值税、契税到服务业所得税、营业税、房产税等各类可观的税收收益。

如图 2.12、图 2.13 所示，21 世纪头几年，北京、上海等一线城市和发达省份的住宅价格上涨迅猛。

与此同时，中国的房地产市场也开始显现出非常严重的“堰塞湖”现象。刚刚融入国际市场的中国因低廉的劳动力成本、制造业巨大产能和超大市场规模优势实现强劲出口，人民币升值压力下大量热钱流入，使得我国的外汇储备增量从 2001 年的 466 亿美元迅速扩张到 2006 年的 2853 亿美元，五年间扩张了五倍有余。

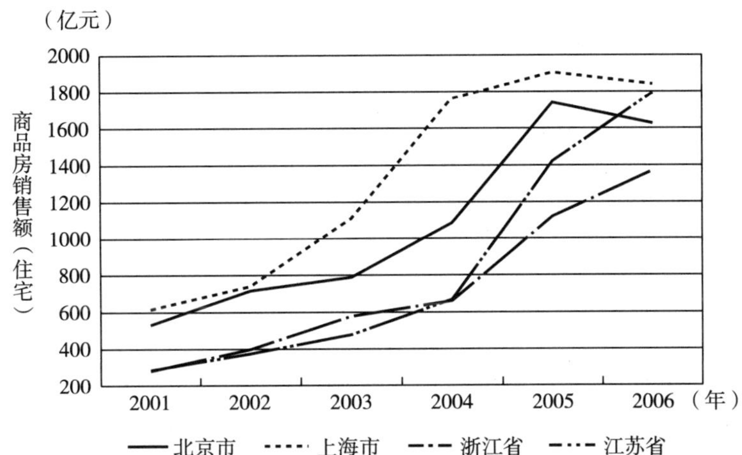

图 2. 12　发达省市房价上涨明显

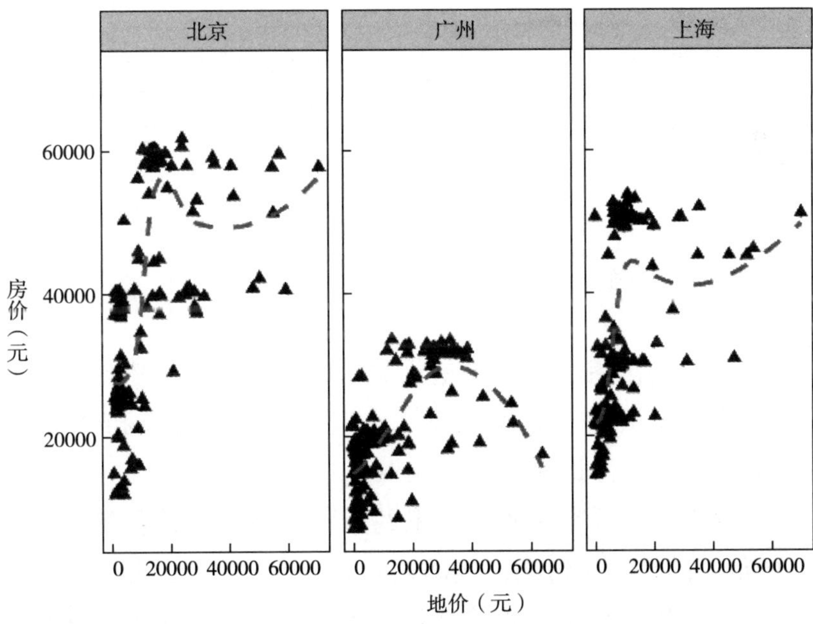

图 2. 13　一线城市地价与房价关系

我国在1994—2008年一直实行强制结售汇制度，外汇占款效应[①]下中央银行被迫发行基础货币，尤其到了2000年以后，货币超发更加严重（见图2.14）。值得注意的是，在流动性急剧扩张的这段时间，中国的通货膨胀率一直维持在一个较为温和的水平，这些流动性到底去了哪里一直是众多学者极为关注的问题（熊鹏，2004；王建，2007；管涛，2018；徐源浩等，2018）。

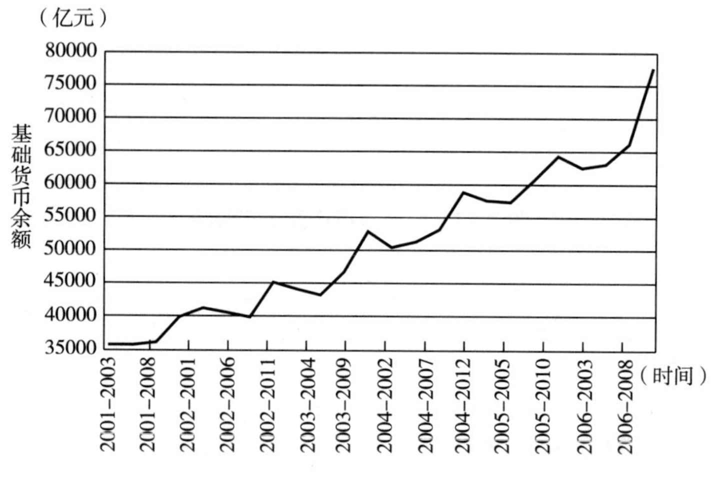

图2.14　2001—2006年的货币超发

资料来源：Wind数据库。

2010年，美国启动第二轮量化宽松的货币政策，中国如何反应以避免短期内大量涌入的投机性资本造成流动性泛滥和金融瘫痪？时任中国人民银行行长周小川给出两点回应：一是加固“防洪堤”，通过加强对资本项目流入的管制来约束资本波动。二是筑好“蓄水池”，更重要的是，对短期已经涌入的大量资本进行总量对冲，放在一个“池子”里，而不是直接泛滥到实体经济中。如图2.15所示，为进行总量对冲，防止全球货币宽松和“四万亿财政刺激计划”带

① 指的是中央银行收购外汇资产，在市场上形成人民币投放。

来过高的通胀预期，货币政策从基准利率、存款准备金率、社会信贷投放等方面全面收紧。在这种情况下，首当其冲的还是中小企业，经济社会形成资金在房地产市场“空转”、实体企业“饥渴难耐”的不均衡状态。

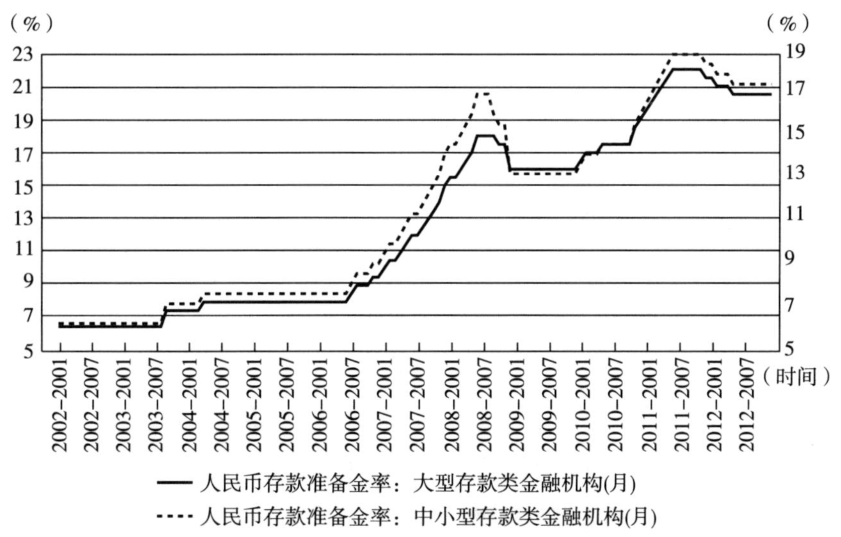

图 2.15 2010 年货币政策较之前全面收紧

资料来源：Wind 数据库。

第三节 货币政策对泡沫的传导

对于近年来一路高歌的楼市，收缩信贷规模固然能够在供给侧稳定冲击，但是住房资产的抵押约束却仍然从需求侧显著放大宏观经济的波动水平。考虑金融冲击和生产冲击的扩展的真实商业周期模型（Real Business Cycle Model）也显示，紧缩信贷的货币政策确实在很大程度上加深了近年来的若干次全球性经济衰退（Jermann and Quadrini，2012）。

金融摩擦和贷款抵押约束的存在使得货币政策的有效性受到诸

多质疑。追溯到早期，罗伊·哈罗德（Roy Harrod）就指出资本市场的高度不完全性（Harrod，1969），达到均衡所必经的谈判过程随时可能在价格谈妥之前破裂。近代以来，大量实证数据和理论分析也明确显示，巨大的影子银行系统大大削弱了货币政策对银行系统总体信贷规模的调控效果。信贷周期中的大量特征性事实和一系列反事实实验也表明，若是政策规则能够以金融稳定为主导进行系统性权衡，把金融市场的均衡放在更重要的位置，将能够有效规避泡沫的畸形增长、缓和金融周期的大幅波动（Juselius et al.，2017）。Guerrieri 和 Iacoviello（2017）构建了一个非线性一般均衡模型，并用贝叶斯方法进行估计。他们的结果显示，在楼市繁荣的 21 世纪初，房屋财富的扩张对消费的增长贡献并非如人民所想象的巨大；相反，金融危机时段，随之到来的房价大跌束紧抵押约束，更大程度加深衰退，经济衰退程度之深更是远超预期。

资产价格在货币政策的实施中扮演至关重要的角色。事实上，即使货币政策应当对资产价格直接反应，调控方向可能也并不应当是直觉上的提高利率压制泡沫。中央银行主要调整货币供应量和利率影响房价和其他资产价格，进而影响实体经济和物价水平。在货币政策的传导机制中，除了原生的“利率渠道”（Interest Rate Channel）外，另外还应当考虑“信贷渠道”（Credit Channel）对房地产价格产生的作用。

一 利率渠道

作为最早被提出的传统货币政策传导机制，利率渠道经过了休谟机制（Spiegel，1991）、费雪的时间偏好与投资机会理论（Fisher，1907）、魏克赛尔的货币均衡论（Wicksell，1936）到凯恩斯学派的 IS-LM 模型（Mankiw，2014）的漫长演变，是指央行通过控制市场利率达到政策目标。当中央银行通过货币政策三大工具的操作增加货币供应量或降低利率时，经济个体未来资产收益的现金流贴现值将会升高。同时，低利率也改变了人们的资产配置策略，短期内的价格黏性使得实际利率跟随名义利率降低，从而影响家庭耐用品开支和企业投资水平。投资和耐用品购买决策的变动影响了总需求和总产出，居民将更倾向于增持金融资产，减少不动产的持有。这样，微观个体投资组合的转移，带来相对资产价格的变动。从个体的理性预期角度考虑，货币政策的风向也直接反映整体经济状况，人们对未来经济增长的预期很大程度上影响了预期资产价格的走势。

二 信贷渠道

价格稳定是金融稳定的基石。在信贷环境普遍不够完善的大背景下，包括股票、债券、房产、外汇等资产的价格之所以出现较大波动，源自信息不完全和非对称所衍生的交易摩擦，表现在投资者对瞬息万变的市场信号判断失误、错综复杂的心理博弈、买卖双方资金错配等。

泡沫的涌现与迅猛的信贷扩张常常相伴而生（Martin and Ventura，2016）。资产价格的上升不仅提升了银行的资本价值，还提高了人们持有的资本抵押品的价值，降低银行感知到的借贷风险，使金融机构更容易把资金贷给原本可能不合要求的客户。这些客户潜在具有较高的风险偏好和较差的市场预见力，跟风投资带来的泡沫增长往往难以避免。在价格崩塌阶段，信贷也起着推波助澜的作用。资产价格的下跌通过降低银行资本价值直接损伤银行资产负债表的资产方，并通过降低抵押品价值引起违约风险，间接损伤银行资本。由于银行贷款大多需要担保，不动产则是抵押品的一种典型代表形式，资本市场泡沫的破灭将严重损伤抵押品价值，降低企业融资能力。一旦泡沫破灭，商业银行感知到借贷风险预警，为了降低风险暴露指数、提升风险贴水来应对可能到来的危机，它们会主动收缩信贷配给，金融市场的贷款利率也急剧上升，金融环境进一步恶化。更要命的是，如果监管机构在这时“不合时宜”地对已经脆弱不堪的银行资本状况提高资本要求，资产价格下跌的程度将更加严重。

传统的利率传导机制主要关注货币政策实施的直接效应。不同的是，货币政策的信贷传导机制则是通过调整均衡时家庭和企业的信贷规模间接放大利率政策的效果，起到“金融加速器”的作用。紧缩的货币政策降低了社会总体可获得的信贷规模，经济个体的开支和投资都会相应缩减，进一步降低整体产出水平。随着实体经济生产对信贷市场的依赖水平日益提高，信贷现金流的突然断崖会给下跌中的资产价格带来更严重的伤害。当资产价格下跌并导致贷款者资不抵债时，不良贷款的涌现是逼迫经济走向崩溃的重要原因（Bernanke and Gertler，1995；Mishkin，1996）。

在经典的 BGG 模型①（Bernanke et al.，1999）中，由于不完全信息和逆向选择的存在，贷款机构需要付出不小的监督和审计成本来评估贷款人信誉。这些无谓损失导致资源无法有效配置，带来金融市场上的信贷摩擦。在银行无法直接观测到企业资金状况的情况下，贷款企业通过发行股权或债券获取的外部融资受到抵押约束，因此比起可获得的内部融资具有更高的成本（Graeve，2008）。这部分外部融资溢价的规模随着货币政策的紧缩而上升，影响企业投资决策，进而影响银行发放的信贷规模。

另外，货币政策对资产价格的干预存在明显的周期性“非对称”现象（Martin and Milas，2004）：在价格平稳上升阶段，泡沫的出现往往难以察觉，中央银行不会轻易对资产价格上升做过多干预。一旦泡沫破灭了，央行却不会坐视不管，而是伸出援手，为了维护经济稳定、减轻金融市场的动荡，作为“最后贷款人”（Lender of Last Resort）予以救助。当资产持有者将高杠杆转嫁给银行，而客户充分相信危机发生时政府会施以救助时，货币政策的非对称偏好不可避免地引发了道德风险，给监管部门带来沉重负担——人们潜意识认定中央银行一定会在经济崩溃时守住最后一道防线，在金融机构出

① 因金融加速器理论的提出者本·伯南克（Ben Bernanke）、马克·格特勒（Mark Gertler）和西蒙·吉尔克里斯特（Simon Gilchrist）姓氏缩写得名，BGG 模型在金融加速器理论的发展中起重要作用。

现危机时不愿采取过于极端的惩罚行为，因此投资者会为了谋求更高利润放心地投资于高风险资产，造成泡沫的更大膨胀和更加严重的信贷周期。由于商业银行是社会资本流转的主要部门，这种“金融加速器”效应对总投资和经济增长将产生灾难性的影响。

进一步来看，货币政策的信贷传导机制可分为企业端的资产负债表渠道（Balance Sheet Channel）、金融中介端的银行贷款渠道（Bank Loan Channel）和居民端的风险承担渠道（Risk-taking Channel）。资产负债表渠道是指利率的变动通过影响贷款者的资产负债表和利润表起作用，银行贷款渠道是指货币政策影响存款机构发放的信贷供给水平，风险承担渠道是指金融危机后长期的量化宽松和超低利率环境下投资者主观的风险偏好以及资本市场收益率的波动性整体上移，金融系统性风险从资本市场传导到实体经济，促进泡沫滋生、风险聚集的过程。

（一）资产负债表渠道

企业的财务状况影响其借贷能力，进而影响其投资和支出决策。根据金融加速器的基本理论，货币政策的收缩直接和间接地束紧企业的抵押约束，进一步限制了企业购买投入品的能力（Hart and Moore，1994）。首先，利率的上升直接增加了企业的未偿债务或浮息债券的利息，并通过企业资产的净贴现的贬值降低企业抵押品价值，导致资产价格下跌。其次，利率的上升抑制商品需求，短期内无法调整的固定成本间接致使企业总收益受损，同样损伤了企业的净资产。企业净资产的削弱不仅限制了它们通过自有资金解决融资问题的能力，还缩减企业外部融资时的抵押品价值，使企业面临更严重的信贷摩擦。随着企业净资产的下滑，更高的违约风险和代理成本造成的“贷款难”滋生了庞大的外部融资溢价。

资产负债表渠道还体现在居民对耐用品和不动产的支出决策上。通过贬损金融资产的价值，紧缩的货币政策也改变了消费者的资产负债表中流动性金融资产（如现金、股票、债券等）和非流动性资产（如耐用品、不动产等）的比重。考虑到非流动性资产在紧急情况下变现会大幅折价并使资产所有者受到损失的特性，居民应对大幅收入波动的能力变差，更有可能陷入财务困难。

（二）银行贷款渠道

在金融中介部门，货币政策的调整通过商业银行资产负债表的变动，即银行吸纳的社会存款（负债方）的变动进而影响其可以发放的总贷款（资产方），改变银行的融资成本和社会信贷供给水平（Bernanke and Blinder，1988）。从 Gan（2007）对日本房地产市场崩塌的反思可以看出，银行贷款渠道对货币政策向资产价格的传导解释了日本 90 年代 1/3 的信贷收缩、1/5 的投资下降和 1/4 的价值损失。虽然楼市的繁荣使得银行的贷款业务蒸蒸日上，但是巨大的房地产敞口却将冗余的资产泡沫传递到实体经济。从微观贷款个体的层面上说，信贷受限的银行最终影响了企业的实际投资决策，进一步动摇市场的价值评估。

作为信贷市场上资金运转的媒介，商业银行通过专业的信贷管理部门和风险控制部门详细审核客户财力状况、评估企业信誉，基于各项信用指标和评估报告向家庭和企业发放贷款。当中央银行调控货币政策、收紧利率时，银行吸收到的社会存款随之降低，传递到资产负债表的另一端，可以提供的信贷规模相应减少。如果企业不幸被切断了必要的资金来源，它们只能付出更高的搜寻成本寻求其他的融资途径。这样，来源于银行供给端的外部融资溢价的升高，最终放大了资产负债表渠道的传导效应。退一步说，如果中央银行对存款准备金不设限，商业银行得以通过发行新的无担保债券来填补存款短缺问题，银行贷款渠道是否就不起作用了呢？恰恰相反，由于无担保债券的高额风险，商业银行以这种方式筹集资金的成本只会更高，传递到企业的外部融资溢价可能上升更大的幅度。

（三）风险承担渠道

货币政策通过金融中介部门的内在传导机制内生影响实体经济。正如信贷渠道中所解释的那样，宽松的货币政策改善商业银行资产负债表，扩大了社会信贷规模，信贷膨胀加速泡沫的滋生。2008 年的国际金融危机后，信贷水平一度缩水。美国联邦公开市场委员会迅速出台了一系列包括持续接近零的低联邦基金利率、大规模政府债券购买（量化宽松）、机构（“房利美”“房地美”“吉利美”）抵押支持证券、政府机构债券、前瞻性指引等前所未有的非常规性货币政策（Unconventional Monetary Policy），以降低长期实际利率，试图帮助经济迅速复苏。这一系列创新性的货币政策虽然成功地达到了紧急救市的政策目标，但同时也引发政府和学界对于零利率下限的副作用以及金融部门的长期稳定性和系统性风险的担忧。在低利率和非常规货币政策应用更加普遍的大环境下，越来越多的货币政策研究侧重于贷款机构的风险感知状况，强调风险承担渠道在货币政策传导机制中的作用。

从微观个体的投资决策看来，非常规性货币政策创造的持续低利率大环境不仅从传统的利率渠道通过居民的跨期替代、企业的利润折现等层面产生正向的财富效应，同时还刺激了风险项目投资。由于投资项目的风险主要来自消费者偏好、未来新技术、税收和管制政策等方面的不确定性，投资者利润最大化的最优实际风险水平会随着新项目风险分布的变化而变化。非常规性货币政策下，低的市场无风险利率使得投资者选择的风险水平上移，导致项目支出增加、预期收益率和社会总体收益率下降，同时剧烈波动的收益率更是给资产泡沫的滋生创造温床。当市场利率持续保持较低水平时，银行经理更加愿意为了追逐利润接受更高风险，增加信贷供应量（Rajan，2006）。可以看出，这种源于特殊时期政策的信贷扩张并非传统的信贷渠道所能解释，中央银行持续极低利率的政策信号是风险承担渠道出现的最主要原因（Gambacorta，2009；Borio and Zhu，2012）。如果无风险证券一直保持较低市场收益，出于追寻利润的需求，较低的市场利率使得人们的投资组合从无风险政府债券潜移默化地转移到高收益高风险的企业债券和新兴市场证券，增加整体金融市场的系统性风险。

作为借贷双方之间资金流转的桥梁，金融中介机构在零利率下限下也更倾向于选择高于最优风险水平的项目，承担更高的实际项目风险。根据经典的委托代理理论，经理人的激励无法与股东和债权人的利益完全相融，因此金融机构通常要求经理上报相对稳定的预设名义收益率，防止低绩效带来的客户流失（Jensen and Meckling，1976）。由于长期合同限制，当政策利率的下调降低无风险资产的收益率时，为了达到规定的收益率要求，维持客户预期的高资产回报（货币幻觉使得个体投资者常常忽视名义利率的下调带来的预期投资收益的下降），银行经理会自发寻求风险资产，维持预期收益水平。这样，持续的低利率可能驱使某些金融机构承担更高风险以寻求更高回报，使得资产价格呈现远远高于其实际价值的溢价，同样推升整体金融市场的系统性风险（Gertler and Bernanke，1989）。

随着企业的投资决策和金融中介项目选择的变化，非常规性货币政策的效果从金融部门传导到非金融部门，并通过金融加速器进一步放大贷款部门融资摩擦的作用，对总体经济产生更大冲击。受到量化宽松货币政策的刺激，新的投资项目推动社会总需求，实体经济逐渐复苏。一方面，随着总体就业水平的上升，经济呈现利好，资本利润上升，金融市场上的贷款拖欠率和违约率得到改善；另一方面，利率下调时相对较高的资产价格使得借贷约束中的抵押品价值更大程度地增加，表面上降低了企业杠杆，成功掩盖借款人实际违约率高的事实。随着预估风险程度的降低，商业银行不仅倾向于对高风险客户过度放贷，更是释放风险预算，发展各项优惠折扣，使得这些高风险贷款显得更加无害。危机后金融中介普遍资金不足，在这种情况下适应性货币政策通过给特定资产提供担保，给面对抵押品约束或准备金要求的商业银行带来对政府隐性担保的乐观预期（Brunnermeier and Sannikov，2016）。更高的利润回报和较低的违约率提高了资产价值，降低持有准备金或抵押品的机会成本，扩充银行的资产负债表和投资组合，进一步扩大资产泡沫的规模。在虚假的资产负债平衡下，贷款者的清偿能力的提高和风险厌恶程度的下降进一步促进杠杆率不断攀升。

总体说来，量化宽松、前瞻性指引等非常规性货币政策在国际金融危机后低迷灰暗的经济环境中的确注入了充分的流动性，重拾金融市场信心，当然也不可避免地促进资产泡沫滋生，对高风险项目的盲目投资也带来了产能过剩和资源结构的扭曲。为营造长期、可持续的金融环境，温和适度的杠杆比率、稳定的资产价格对于最小化系统性风险、最大化稳定增长的经济目标来说至关重要。这也是各国央行在经济复苏后急于退出量化宽松政策的原因。

第四节　货币政策对泡沫的应对

货币政策的制定经过多年以来世界各国的广泛实践，不断进行演化。早期的货币政策主张建议中央银行在制定货币政策时牢牢盯住资产价格。另外一种观点是支持货币政策目标盯住通货膨胀水平。实际上，各国央行和学者对于货币政策在调控资产泡沫方面的角色和作用众说纷纭，至今尚未达成共识。总的来说，货币政策的选择可以概括为盯住通胀、逆向操作、不干预三种方式。这一小节主要讨论各种货币政策选择标准，分析这些标准对宏观经济的影响，以及最优货币政策的制定规则。

一　传统的通货膨胀目标制

为了维护金融市场和宏观经济的稳定，通货膨胀目标制的货币政策在世界范围内得到长期而广泛的应用（Goodhart，1995；Bernanke and Gertler，2000；Bernanke et al.，2018）。自从第一次世界大战后金本位制度瓦解之后，货币银行系统就开始以价格水平（即通胀水平）来代替汇率，作为政策盯住的目标。通过遵循泰勒规则（Taylor Rule），中央银行调控市场利率对通胀缺口（实际通胀与目标通胀水平的偏离）和产出缺口进行反应。这样一个盯住通胀的货币政策规则使得央行能够以宏观经济稳定为首要目标，对市场状况灵活反应。当经济过热、承受通胀压力时，提高市场利率能够给市场“降温”；当经济低迷、通胀低于目标值时，降低利率帮助刺激总需求，加速经济复苏。这样，通过提前明确通胀目标水平，中央银行稳定公众预期，并降低投资者的不确定性。凭借更加透明地在各项传导机制中正确传达政策信号，货币政策能够避免落入“动态不一致”① 的陷阱，有效实现宏观经济和金融市场的双重稳定。

经过弗雷德里克·米什金（Frederic Mishkin）、本·伯南克（Ben Bernanke）、托马斯·劳巴赫（Thomas Laubach）等学者对泰勒规则中的价格度量指标的改进，考虑到泰勒规则中的当期价格指数忽视了未来的价格变动，有弹性的通胀目标制规则使得中央银行能够在不区分价格的基本面和泡沫波动的情况下对价格变动进行最优反应，更好地应对未来具有理性预期的投资行为，避免极端地刺破泡沫引起恐慌，是许多国家广泛使用的货币政策框架。Ito（2010）认为，在货币政策瞄准的目标中赋予资产价格过高的权重很有可能会本末倒置。第一占优的政策方针应当在增强金融机构的监督和管理上做足功夫，尽最大努力降低道德风险和风险集中程度。Woodford（2012）也指出，诚然通货膨胀目标制在货币政策分析框架下可能影响到金融稳定风险的严重程度，但是现有的宏观经济学研究完全可以建立一个广义的通货膨胀目标制，将金融稳定性同其他传统的稳定目标一同纳入考虑，这样一种“灵活”的通货膨胀制能够帮助中央银行在即使是金融危机这样的非常时期仍然以一种稳定的长期价格水平为盯住目标。

二 盯住泡沫逆向操作

但是有些情况下，这一盯住通胀的有规则的货币政策并不能够有效抑制宏观经济波动。由于导致市场波动的潜在冲击来源不同，

① Dynamic Inconsistency，又叫“时间不一致”（Time Inconsistency），指经济个体、决策者的偏好随时间而发生改变。

资产价格和预期通胀变动的大小甚至方向都可能大相径庭。这时，盯住预期通胀的货币政策无法对这样的过热金融市场进行反应，实体经济仍然会发生剧烈动荡。

Poole（1970）在评估最优货币政策时最早提出，当货币市场发生紊乱时，应当变动利率对资产价格的失调逆向操作。Kent 和 Lowe（1997）指出，当资本市场出现泡沫时，虽然财富效应推升通胀水平，但是其发展趋势并不会影响到货币政策盯住的关键变量——预期通胀率，需要额外将货币政策对泡沫逆向调控才能对泡沫有所控制。这样，即使通胀预期符合央行制定的目标，普通的泰勒规则对控制资本市场的大幅波动依然失效。只要房价泡沫源于自身市场供求关系的紊乱，而非其他市场失调的副作用，这样的价格失调应该被纳入通胀目标制规则当中。

比起传统的宏观预测模型，内生于房地产市场中敏锐的价格波动能够更早地反映重要宏观经济变量发展变动的关键信息。密切关注资产价格能够帮助货币当局抓住这种不稳定性并提前反应，盯住资产价格并逆向调控，使得资产价格的急剧上升将受到控制，金融市场得以重新恢复秩序。当金融市场失调，资产价格剧烈波动，超过（低于）正常水平时，即泡沫膨胀（濒临崩溃）时，适度提高（降低）利率不仅有助于平滑产出和通胀的波动，增强宏观经济的稳定，还能够降低泡沫形成的可能性，减少危机发生的风险。Cecchetti 等（2000）将前人的思想扩展延伸，考虑到资产价格的变动从各个层面上影响着宏观经济目标，扭曲投资并造成过度消费和产能过剩，对泰勒规则盯住的目标进行调整，构建“增广的泰勒规则”。De Grauwe（2008）也不赞同直接的“通货膨胀目标制”：次贷危机的严重后果已经证明中央银行必须挑起重担，防止泡沫的滋生，并对创造信贷和流动性的所有金融机构进行审慎监管。货币政策仅仅盯住资产价格是不够的，如果采取针对泡沫“逆向而行”的方法，稳妥地抑制泡沫和通胀将十分有效。Smets（2014）指出，通过将政策利率与信贷、流动性和风险承担等金融平衡因素紧密相连，灵活的货币政策可以充分发挥对资产价格的管控作用。正如 Gourio 等（2018）所说，考虑到深层次的金融动荡席卷房地产市场、掠夺数以万计就业机会时带来的广泛危害，严格盯住泡沫的货币政策对于长期经济稳定的作用不容忽视。除了降低通胀和产出的波动，将资产价格的失调增广进入泰勒规则还能够公开表明央行正在不偏不倚地对资产价格的起伏恰当反应，消除公众潜意识中对政府隐性担保资本市场的忧虑。

从阿根廷、新加坡等新兴开放经济体的实践经验（Pesce，2008；Chow and Choy，2009）中来看，让货币政策对资产价格直接做出反应对维护金融稳定、管控资本市场确实显示出有效作用。昌忠泽（2010）结合中国的住房预售制度、信贷市场发展和土地财政问题等特有情况，也鼓励在货币政策的盯住目标中考虑泡沫的膨胀。根据 Olsen（2015），在防范金融失衡方面卓有成效的挪威银行同样强调稳健的货币政策在控制资产价格波动和系统性风险的突出作用。

三 “善意忽视”与“一切照常”

当然，将泡沫纳入货币政策规则并非易事，盯住泡沫产生的问题同样也给它带来了诸多批评。质疑观点中最为著名的来自美联储前主席本·伯南克及其老搭档马克·格特勒，Bernanke 和 Gertler（2001）赞成将资产价格纳入货币政策考虑范围，但并不支持货币政策直接对价格波动进行反应。

先不说泡沫识别和弹性盯住泡沫政策实施的难度给央行带来的巨大挑战，即使正确识别，泡沫的产生也可能远在资产价格指数开始上升之前就已经出现。再考虑到政策时滞，经过不同作用机制的传导，最终作用到泡沫上的控制效果可能并不尽如人意。

首先，不同的资产价格可能传达相反信息。暗示通胀压力的房价和反向走势的外汇价格常常同时并存。泡沫可能只是产生于众多资产价格中的一种，但由于金融市场的联动性，旨在平息一种房地产价格波动的货币政策很可能将附带压力转移到系统内的其他市场价格上，通过交易者间的互相反馈增加市场波动（Reinhart，2005）。

其次，当央行无法区分房价的上升是源于积极的生产率提高还是金融市场上泡沫部分的膨胀时，还是应当谨慎行事。如果决策者无法确定房地产价格波动的本源究竟是生产力改进等基本面冲击，还是股票市场上投机交易带来的非实体金融冲击，在各种冲击同时席卷经济时，这些冲击的共同作用导致价格变动中可得到的信息大大复杂化，货币政策还是应当保守地采取“善意地忽视”最为稳妥。若是把积极的生产率提升误认成泡沫而进行紧缩性调控，或是将金融市场上泡沫部分的膨胀错归于生产利好的信号，以稳定住房市场为目的的逆向操作反而事与愿违，例如 20 世纪 90 年代日本“失落的十年”和美国股市繁荣时就犯过此错（Goodfriend，2005）。

政策实践上，关于中央银行是否应当对房价进行反应，Iacoviello（2005）将房价放入泰勒法则，指出如果中央银行以产出和通胀波动的最小化为目标，即使对资产价格进行反应的政策可行，政策得益也很小，可以忽略。过去四百年来，那些给人们带来深重灾难的资产泡沫的经验教训告诉人们，资产价格变动这一表象不应该被过分关注。为了降低金融危机的可能性和严重程度，针对具体政策目标的宏观审慎政策更加有效（Mishkin，2008；Brunnermeier and Schnabel，2016）。

国内方面，葛扬、眭小燕（2009）指出，房地产价格泡沫是市场经济大背景和大环境下的自然产物，一个繁荣、健康的房地产市场理应存有适度泡沫。陈小亮等（2016）也认为，随着市场化改革的深入和成熟，中国人民银行的货币政策目标正在逐渐从数量型往价格型转变，更加自由化和市场化为大势所趋。考虑到资产价格泡沫的多样性，并不存在普遍性的最优政策能够适用于每一种泡沫，对特定泡沫如何恰当反应应当取决于泡沫产生过程的具体特性。除非央行完全了解驱使房价泡沫产生的随机过程，最优货币政策应当怎样调控其实并不明确，在泰勒规则中直接盯住“泡沫”部分也容易得到适得其反的效果。

如果进一步进行翔实的成本收益分析（Svensson，2017），直接盯住泡沫的货币政策大大低估了金融失衡和政策误用产生的高昂成本，对泡沫“逆向而行”的货币政策代价高昂，却很大程度上收效不佳。除了由于捕捉不到必要的信息造成模型偏误，在资产价格出现异常波动时，非理性投资者的狂热心理将使得上述提到的增广的泰勒规则更加冗杂且具有误导性。从一个更加保守的角度出发，有效利用金融监管措施控制泡沫、防止泡沫和信贷供给之间的正向反馈机制、降低系统性风险可能才是最大限度地减少泡沫产生的动荡的最好手段。如果考虑世界范围内的小型经济体，其国内资产价格很容易受到周围金融市场的重要影响，脆弱的银行系统和高杠杆率下的大环境会使得直接盯住泡沫的货币政策更不稳定。因此，中央银行在大多数情形下还是应当密切观察资产价格对就业和通胀的影响，“一切照常”盯住潜在通胀和产出水平来防止泡沫产生的不利冲击，只有在金融市场过度动荡下偶尔进行利率管制。

第三章

中国货币政策对房地产价格泡沫影响的实证分析

落脚于“货币政策的紧缩调控反而促进房价泡沫扩张，并造成了更大程度的泡沫波动”的研究假设，本章运用中国数据和计量模型进行实证分析，首先用状态空间模型测度中国楼市泡沫规模，得到中国楼市泡沫的基本特征事实；其次利用长达 87 个季度的中国时间序列数据进行向量自回归分析（常系数与时变参数），得出货币政策对中国房价泡沫的影响分析，验证研究假设。

第一节　基于状态空间模型的中国房价泡沫测度

若以我国楼市上“高于住房内在均衡价值的溢价”作为房地产价格泡沫的衡量指标，从供给侧、需求侧两方面分别考虑住房市场售价的实际决定因素，构建状态空间模型（State Space Model），并辅以相应的宏观经济时间序列数据，就能够对不可观测的房价泡沫有一个初步、直观的观测。①

中国房地产市场价格泡沫相关的宏观数据方面，除了全国商品房的市场售价（HP_t）之外，参考于雪（2019）分供给侧和需求侧加以分析。调取我国1998年住房体制市场化改革后至今，1999年第一季度到2020年第二季度，共87期的时间序列数据。供给侧方面的变量有：商品房竣工面积HSS_t、国内生产总值Y_t、房地产市场总投资HI_t；需求侧方面的变量有：商品房销售面积HDS_t、广义货币供应量$M2_t$、实际贷款利率R_y。其中，实际贷款利率取值为中国人民银行一年期基准贷款利率减去环比CPI得到，其余变量以定基CPI（基期取1991年第一季度）平减，去除价格因素干扰。所有变量的描述性统计分析如表3.1所示。

表3.1　描述性统计

变量名称	单位	均值	标准差	最小值	最大值
HP_t	元/平方米	3884.02	1278.27	2025.87	6472.76
HSS_t	万平方米	12209.72	8727.34	1106.62	33172.29
Y_t	亿元	82823.92	45950.11	19361.90	176754.00
HI_t	十亿元	1003.25	723.23	98.29	2311.55
HDS_t	万平方米	17353.96	10138.19	1025.73	36107.55
$M2_t$	十亿元	59195.06	38764.10	11161.98	135499.20
R_y	%	4.66	2.50	-0.90	8.17

资料来源：国家统计局、中国人民银行、Chang et al.（2016）。

状态空间模型通常由观测方程（Observation Equation）和状态方程（State Equation）两部分组成，其中观测方程定义不可测时间序

① 状态空间模型（State Space Model）方法是通过将最优控制理论（Optimal Control Theory）引入时间序列数据分析，运用卡尔曼滤波（Kalman Filter）来递推估计算法，基于所有的可得信息来对不可直接观测的时间序列（这里想间接观测到的为“住房销售价偏离其基础均衡价格的溢价”，即房价泡沫）对模型参数来进行最优估计和预测，从而得到不可观测的时间序列（泡沫）的估计结果的一种方法。

列（即房价泡沫）与可观测时间序列之间的关系，状态方程定义不可测时间序列与其滞后项的自回归关系。

在这里对中国房地产价格泡沫的考察中，观测方程为

$$U_t = AU_{t-1} + \epsilon_t \tag{3.1}$$

其中，$U_t = (u_{1t}, u_{2t}, u_{3t}, u_{4t}, u_{5t}, u_{6t}, u_{7t})'$，$\epsilon_t = (\epsilon_{1t}, \epsilon_{2t}, \epsilon_{3t}, \epsilon_{4t}, \epsilon_{5t}, \epsilon_{6t}, \epsilon_{7t})'$。$Var(\epsilon_t) = \sum$，

$$A = \begin{pmatrix} \alpha_{11} & & & & & & \\ \alpha_{21} & \alpha_{22} & & & & & \\ \alpha_{31} & \alpha_{32} & \alpha_{33} & & & & \\ & \alpha_{42} & \alpha_{43} & \alpha_{44} & & & \\ & & \alpha_{53} & \alpha_{54} & \alpha_{55} & & \\ \alpha_{61} & \alpha_{62} & \alpha_{63} & & \alpha_{66} & & \\ & \alpha_{72} & & \alpha_{74} & \alpha_{75} & \alpha_{77} & \end{pmatrix}$$

状态方程为 $X_t = U_t$，其中 $X_t = (\Delta hi_t, \Delta hp_t, \Delta y_t, \Delta r_t, \Delta m2_t, \Delta hss_t, \Delta hds_t)'$，$\Delta$ 为该时间序列变量前后两期的差分值，小写字母变量为所对应的大写字母变量的对数形式。对上述所有经差分处理的对数化变量进行单位根检验，所有变量均平稳，进一步构建状态空间模型，运用 Stata 15，模型参数的估计结果如表 3.2 所示。

表 3.2　　中国房地产价格泡沫的状态空间模型参数估计结果

参数	估计值	标准差	Z 值	P 值	置信区间
0. 387	0. 095	4. 070	0. 000	0. 201	0. 573
0. 268	0. 120	2. 230	0. 026	0. 032	0. 503
-0. 431	0. 097	-4. 420	0. 000	-0. 621	-0. 240
0. 327	0. 110	2. 960	0. 003	0. 110	0. 543
0. 596	0. 171	3. 490	0. 000	0. 261	0. 931
-0. 310	0. 073	-4. 250	0. 000	-0. 453	-0. 167
-3. 799	2. 071	-2. 870	0. 004	-5. 781	-1. 090

续表

参数	估计值	标准差	Z 值	P 值	置信区间
-0. 547	0. 105	-5. 200	0. 000	-0. 754	-0. 341
-0. 118	0. 014	-8. 280	0. 000	-0. 146	-0. 090
-0. 003	0. 002	-1. 830	0. 067	-0. 006	0. 000
0. 913	0. 051	18. 050	0. 000	0. 813	1. 012
-1. 590	1. 062	-1. 500	0. 135	-3. 672	0. 493
3. 100	1. 488	2. 080	0. 037	0. 184	6. 017
0. 522	0. 695	0. 750	0. 453	-0. 841	1. 884
-0. 227	0. 104	-2. 190	0. 028	-0. 430	-0. 024
2. 738	0. 930	2. 940	0. 003	0. 915	4. 561
-0. 015	0. 022	-0. 650	0. 516	-0. 059	0. 029
-0. 992	1. 172	-0. 850	0. 397	-3. 288	1. 305
-0. 337	0. 068	-4. 990	0. 000	-0. 470	-0. 205

根据表 3. 2 中得出的估计参数，住房市场供求均衡时的房地产内在基础价值可得。将测算得到的基础价值与市场上观测到的商品房市场售价相比较，房地产价格的泡沫序列可得（即房价与其基本面的偏离）。这样，1999 年第一季度到 2020 年第二季度的房地产基础价值、市场价格、泡沫走势如图 3. 1 所示。

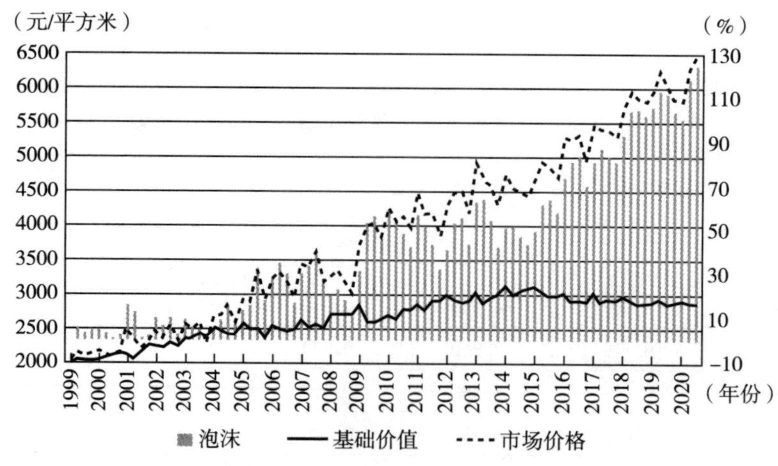

图 3. 1　近 20 年中国住房市场的基本价值、市场价格和泡沫

第二节 货币政策对房价泡沫影响的实证分析——基于向量自回归模型

为了更加直观地阐释抵押贷款池子中最核心的两个部分（泡沫类资产和生产性物质资产）的发展演变，这一小节首先对中国金融市场的关键指标提供概括性描述。运用 Chang 等（2016）构建的中国宏观经济时间序列数据库，提取产出、消费、投资、通货膨胀率、泡沫抵押资产和物质抵押资产这 6 个指标的 1996 年第一季度到 2017 年第四季度的季度数据，去趋势，并对除了通胀之外其他变量取对数实际值。

实际国内生产总值为平减后的国民经济各行业的增加值加总（经过季节调整），数据来源于 Higgins 等（2016）所构建的中国宏观经济时间序列数据库①。作为实体经济运行最基本也是最关键的宏观指标，中国的宏观数据质量（尤其是 GDP 时间序列数据的质量）常受质疑。但是从目前看来，官方发布的 GDP 序列比起其他替代性衡量指标（例如工业增加值、耗电量、发电总量等）仍然在全面性、权威性、可得性方面占据优势，政策制定者、市场分析师、广大高校和科研院所学者仍然将其作为衡量中国总体经济活动最重要的变量。正如 Nie（2016）所说：中国的官方 GDP 数据目前看来还是中国经济增长最有效的测度，应当受到人们的广泛认可。

消费水平用零售商品消费对总体名义消费水平进行插补补充缺失部分，并进行季节调整。投资水平取基础设施建设与在其基础上

① 参见 https：//www. frbatlanta. org/cqer/research/china－macroeconomy. aspx？ panel=1。根据 Higgins 等（2016）的描述，其源数据主要取自编纂我国官方宏观时间序列的 CEIC 中国经济数据库（China Premium Database），中文网站为 https：//www. ceicdata. com/zh-hans/products/china-economic-database。

的革新。通货膨胀率为 CPI 指数的变化率$\frac{P_t - P_{t-1}}{P_{t-1}}$。住宅投资（Residential Investment）对房地产市场上任何的风吹草动都十分敏感，因此可以作为泡沫抵押资产精准有效的反映指标。在实际数据中，社会总体资本筹集可看作是实际生产的积累过程，因此本节将它拿来用以度量物质抵押资产。

表 3.3 展示了以上主要宏观指标的波动性和相关程度；图 3.2 则描绘了两种抵押资产时间序列的周期趋势。

表 3.3　　主要宏观经济指标的描述性统计（1996Q1—2017Q4）

指标	波动性（标准差）	波动性（相对于产出）	相关系数（相对于产出）	显著水平（p 值）
产出	0.0107	1	1	/
消费	0.0132	1.2336	0.4833***	0.0000
投资	0.0408	3.8131	-0.0150	0.8894
通货膨胀率	0.0071	0.6636	0.4445***	0.0000
泡沫抵押资产	0.0723	6.7570	-0.0354	0.7434
物质抵押资产	0.0367	3.4299	0.1827*	0.0885

注：* $p<0.1$，** $p<0.05$，*** $p<0.01$。

资料来源：数量经济研究中心，美国亚特兰大联邦储备银行［Center for Quantitative Economic Research（CQER），Federal Reserve Bank of Atlanta］。

正如表 3.3 所示的那样，除了标准差较小的通货膨胀率，消费、投资和两种抵押资产的波动性都比产出要高。数据显现出的这一现象与“绝对收入假说”“永久收入假说”等西方传统经济理论并不一致，体现了中国宏观经济形势的独特之处，也说明在深层次考虑到我国的特殊国情后，西方发达国家的一些经验理论不应该被照搬套用。事实上，消费水平的升降浮沉很好理解：首先，春节、国庆、中秋等中国特色的传统节日显著刺激了人们的旅行和活动，中国人特有的团聚活动使得节日期间人们与日常的消费习惯有很大区别；

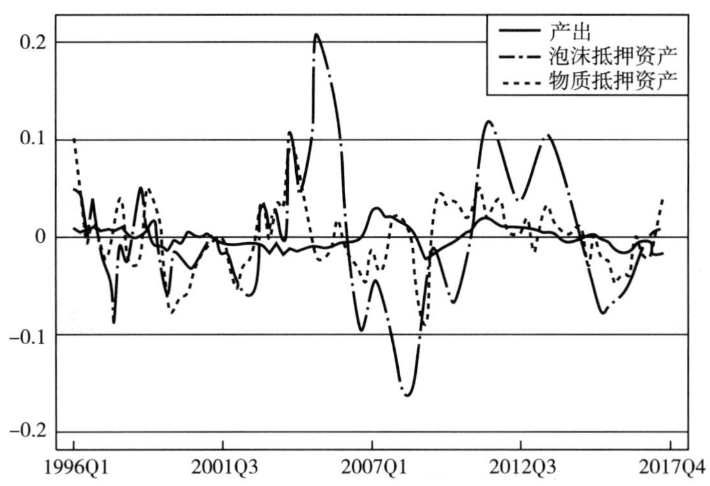

图 3.2 泡沫抵押资产和物质抵押资产时间序列的周期趋势

其次，一个更加值得注意的社会现象是现代中国社会中“月光族”消费者的普遍存在。目前，中国消费者中的“隐性贫困人口”比例越来越大，他们的一大显著特征是消费水平对劳动收入高度敏感。近年来，不断高企的房价和尚未定性却早已引起公众担忧的“消费降级”使得许多年轻人沦为“现挣现吃”型消费者（Hand-To-Mouth Consumers）①，面对负向的收入冲击和紧张的流动性约束容易受到较大影响。投资水平的较大波动服从经济规律，两种抵押资产的方差较大也与高频交易市场的特征密切相关。

表 3.3 的第三栏直观展示了各变量的周期性特征。可以看出，家庭消费、通胀率、用作抵押担保的物质资本价值都呈现相对产出的显著正向关系，而投资和用作抵押担保的泡沫资产呈现相反方向运动。若考虑近年来政府基建投资的巨大花销（如蓬勃发展的高速铁路、地下铁路和城市建设项目以及“一带一路”建设），投资的反周期波动不难理解。在经济下行时反而上涨的泡沫抵押资产印证

① 这种类型的消费者行为近年来关于异质性消费者的决策习惯中分析较多，较为详细的有 Kaplan 等（2014）；Gornemann 等（2016）；Auclert（2017）。

了本书的总体构想：生产疲软催使融资困难的投资者增加泡沫资产的持有，缓解流动性压力。这些特征在图 3.2 中得到直观展示：泡沫抵押资产与产出相比呈现逆周期趋势，并且波动剧烈；物质抵押资产则反应相对温和，呈现顺周期运动特征。

本节首先构建常系数 VAR 模型考察货币政策冲击对房地产价格泡沫的影响。由于资产泡沫的相对规模时刻依存于房地产市场的反应，其估计参数可能不是一个常数，而是随时间变化，本节进一步构建时变系数 VAR 模型观察房价泡沫的货币政策冲击。

一 常系数向量自回归模型

（一）单位根检验

在构建常系数向量自回归（Vector Autoregression）模型之前，需要检查时间序列是否存在单位根，以避免伪回归问题。所有序列应当平稳，或者其线性组合零阶单整。这里，运用 ADF 检验（Augment Dickey-Fuller Test）检查单位根是否存在，结果如表 3.4 所示。[①]

表 3.4　　ADF 单位根检验

变量	ADF 检验值	1%的显著水平下的临界值	5%的显著水平下的临界值	结论
利率	-4.653	-3.535	-2.904	平稳
通货膨胀率	-4.267	-3.532	-2.903	平稳
泡沫抵押资产	-4.224	-3.539	-2.907	平稳
物质抵押资产	-5.072	-3.530	-2.901	平稳

资料来源：数量经济研究中心，美国亚特兰大联邦储备银行［Center for Quantitative Economic Research（CQER），Federal Reserve Bank of Atlanta］。

官方名义利率由全国银行间七天同业拆借加权平均利率取值。

① 如果 ADF 检验值小于临界值，那么拒绝单位根原假设，即序列平稳。

作为价格型货币政策（泰勒规则）的典型代理指标，银行间七天同业拆借加权平均利率是中央银行实施货币政策时进行公开市场操作的有效工具。并列于存款准备金要求、法定存贷款利率和资产负债表构成等调控手段，银行间同业拆借利率帮助中央银行根据特定时期的任务实现特定的政策目标，是借贷市场中资金供求关系的风向标。通过改变银行间同业拆借利率，货币政策影响金融市场上的资本成本和信贷供给，进一步作用到家庭和企业的消费决策和投资决策当中，成为从中央银行到金融机构部门再到实体经济的利率传导桥梁和纽带。

根据 ADF 单位根检验的结果，VAR 模型系统中的所有变量在 1%的显著性水平下均为平稳。

（二）模型设定

为考察紧缩的货币政策冲击会对抵押资产组合造成怎样的影响，式 3.2 构建无约束的常系数 VAR 模型，

$$Y_t = A_0 + A_1 Y_{t-1} + A_2 Y_{t-2} + \cdots + A_p Y_{t-p} + \varepsilon_t \qquad (3.2)$$

其中 Y 为由观测变量“利率”“通货膨胀率”“泡沫抵押资产”“物质抵押资产”构成的 4 维列向量。A_0 是一个 4×1 的常数向量，A_1，A_2，…，A_p 是 4×4 的向量自回归参数矩阵，ε_t 是白噪声向量。p 表示滞后阶数，由信息准则确定，最优滞后阶数由表 3.5 所示。①

表 3.5　　VAR 模型的最优滞后阶数

滞后阶数	对数似然值	LR	FPE	AIC	HQIC	SBIC
1	1641.11	467.31	7.4×10^{-25}	−38.533	−38.041*	−37.309*
2	1691.46	100.70	5.3×10^{-25}*	−38.879*	−37.965	−36.605
3	1727.05	71.189	5.6×10^{-25}	−38.869	−37.534	−35.547
4	1760.02	65.942*	6.4×10^{-25}	−38.796	−37.040	−34.424

① 表中的 * 代表由信息准则选中的滞后阶数。

依据 Lútkepohl（2005），SBIC 和 HQIC 准则给出滞后阶数的一致估计，而 AIC 和 FPE 可能高估滞后阶数的真实值。因此，综合考虑表 3.5 中各信息准则的结果，这里将最优滞后阶数选定为 1。

（三）估计结果

在第（二）小节检验了观测序列的平稳性、确定了滞后阶数，表 3.6 给出常系数 VAR 模型的估计结果。

表 3.6 中的最后一列给出拟合优度，每一行代表 VAR 系统中每个等式的参数估计结果。正如图 3.3 所示，VAR 模型的所有根都在单位圆内，表示目前滞后 1 阶的 4 变量 VAR 模型组成稳定系统。

表 3.6　　VAR 模型估计结果

	截距项	利率（-1）	通胀率（-1）	泡沫抵押资产（-1）	物质抵押资产（-1）	R^2
利率	-0.0022*** (0.0008)	0.5358*** (0.0921)	0.3359*** (0.0948)	0.0086 (0.0070)	0.0116 (0.0175)	0.5843
通胀率	0.0024** (0.0010)	0.1252 (0.1183)	0.6261*** (0.1217)	0.0031 (0.0090)	0.0089 (0.0225)	0.3863
泡沫抵押资产	0.0024 (0.0077)	0.2300 (0.8693)	-0.3204 (0.8949)	0.8886*** (0.0659)	-0.1306 (0.1654)	0.7831
物质抵押资产	-0.0128** (0.0050)	-1.0448* (0.5646)	1.7977*** (0.5812)	0.1082** (0.0428)	0.4292*** (0.1074)	0.4854

注：* p<0.1，** p<0.05，*** p<0.01. 小括号内的数值为标准差。

资料来源：数量经济研究中心，美国亚特兰大联邦储备银行［Center for Quantitative Economic Research（CQER），Federal Reserve Bank of Atlanta］。

（四）VAR 脉冲响应分析

基于上述结果，可以正式分析货币政策冲击在动态经济系统中可能造成的影响。正如本章第二节所解释，抵押资产组合的波动规律显示信贷匮乏下生产性资本积累的减缓将挤入可抵押的泡沫资产。下面给出 VAR 模型脉冲反应估计结果，汇报一单位偏离的利率冲击

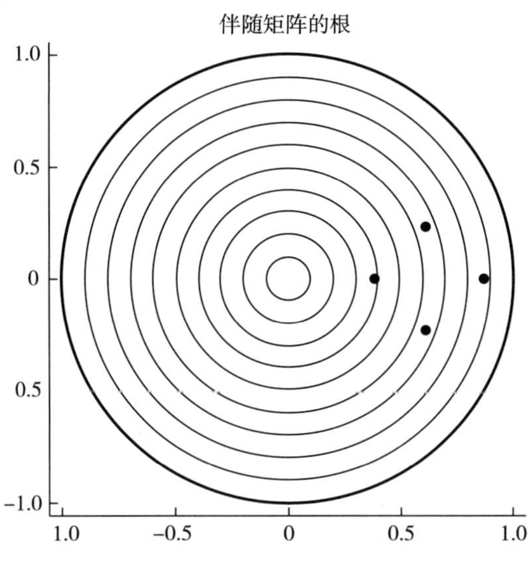

图 3.3　VAR 稳定性检验结果

的动态影响。利率仍为全国银行间七天同业拆借加权平均利率，泡沫抵押资产和物质抵押资产的时间序列与表 3.2 中一致。

从常系数 VAR 模型的估计结果中有以下两点发现。

第一，泡沫抵押资产随利率上升而增加，而可供抵押的物质资本存量则在一个正向的利率冲击下呈现锐减。这一基本结论支撑了本书的关键论点。在中国目前信贷市场尚未完善的大背景下，金融摩擦仍然相对严重，单凭直接提高市场利率无法有效遏制泡沫发展壮大。更糟糕的是，盲目收紧货币政策将对实际生产产生挤出效应，间接鼓励投机性泡沫的滋生。

第二，长期的脉冲响应趋势展示出一个延伸性发现：物质资本抵押品受货币政策冲击的反应更加剧烈，持续时间较短；而可抵押的泡沫资产的反应较为温和，持续时间较长。针对这一特点，一个合理的解释是持久的泡沫扩张实际上可能是其互补抵押资产（物质资本存量）下跌后的一个次生结果。图 3.4 中初始的泡沫扩张可以归于突然增加的市场回报（根据理性泡沫的假设，其预期收益率与市场回报率保持一致），而后期持续的正向反应则应当归于整体动态系统内部其他变量共同作用的综合结果。另外，图 3. 5 中狭窄的灰色置信区间从另一个角度表明物质资本存量受到的冲击更加直接、更加显著。

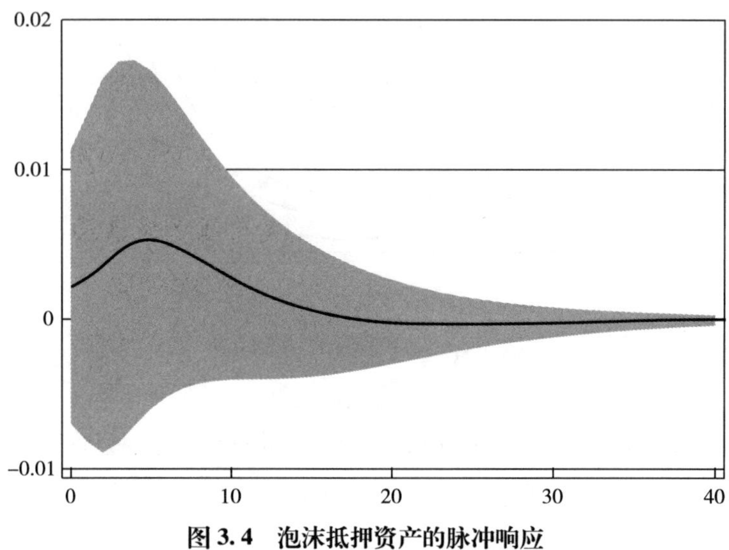

图 3. 4　泡沫抵押资产的脉冲响应

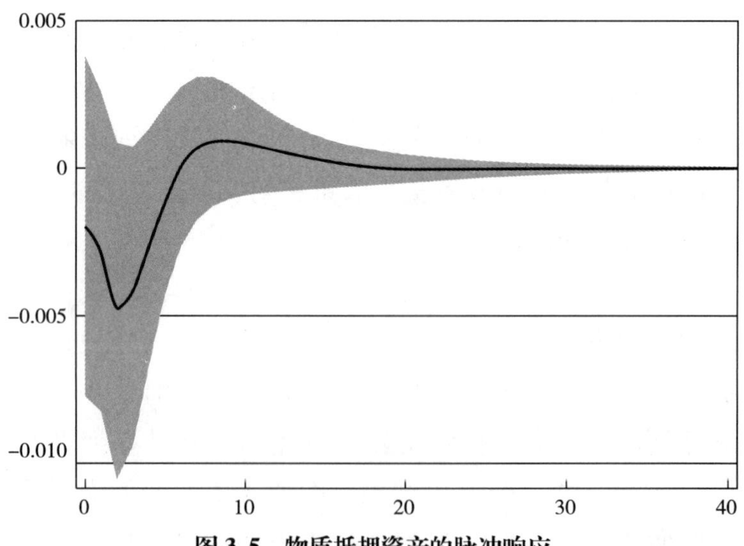

图 3. 5　物质抵押资产的脉冲响应

总的说来，常系数 VAR 模型为本书提出的紧缩性货币政策抑制了总体生产和资本形成的推断提供了实证证据。在流动性匮乏的信贷抵押市场上，当投资者发现他们可抵押的物质资产无法满足其贷款需求时，他们将不得不转向持有泡沫资产（这其中尤其以具备稳健担保性质的住房抵押贷款为典型代表）以缓解资金压力。

二　时变系数向量自回归模型

传统的常系数 VAR 模型作为一个静态模型，固定参数的假定降低了对不稳定的经济系统变量间的长期均衡关系的解释效力。Canova（1993）提出的带漂移系数的 VAR 模型和 Kim 等（1998）提出的多元随机波动率模型分别从系数时变和协方差时变角度放宽模型的限制条件。沿着该研究思路，Cogley 和 Sargent（2005）基于变量间同期相关关系不变的假定，研究了具有漂移系数和时变方差的 VAR 模型。Primiceri（2005）进一步将其扩展为系数、方差和协方差均随时间变动的完全意义上的非线性时变分析模型——TVP-VAR 模型。D'Agostino 等（2013）利用美国的宏观经济数据证明得出 TVP-VAR 模型相对于其他 VAR 模型具有更强的预测效果。

因此，本节构建时变参数向量自回归模型，对抵押约束下中国货币政策对资产泡沫的影响进行更加精确的估计。

为了增加样本时间序列的长度，本节舍弃常系数 VAR 模型中“物质抵押资产”这一变量，选择对数形式的实际国内生产总值 Y_t 反映实体经济状况、房地产价格相对总体投资价格的溢价 Q_t 反映房地产泡沫、全国银行间七天同业拆借加权平均利率 R_t 反映官方名义利率。TVP-VAR 模型中的数据样本采用 2003 年 1 月至 2013 年 3 月共 123 期的月度数据。

在更为精确的月度数据中，本节用 $Q_t = \frac{PI_t}{investmentprice_t}$ 测算房地产市场上的价格溢价 Q_t。其中 PI_t 为 Fang 等（2015）构建的房地产价格指数（Housing Price Index），$investmentprice_t$ 仍取自 Higgins et al.

(2016)，是用季节调整之后的季度投资价格指数，通过与其高度相关的生产者价格指数进行差值得到的月度数据。

（一）单位根检验

在进行数据分析之前，本节再次检验变量序列是否平稳（见表3.7）。

表3.7　单位根检验

变量	检验方式	ADF 检验		PP 检验	
		t 统计量	p 值	t 统计量	p 值
Y_t	(c, t, 1)	-0.518	0.605	-0.829	0.963
Y_{cyt}	(c, nt, 0)	-9.613	0.000***	-9.853	0.000***
Q_t	(c, nt, 1)	-0.050	0.960	0.491	0.985
dQ_t	(c, nt, 0)	-3.901	0.000***	-3.888	0.002**
R_t	(c, nt, 0)	-3.437	0.001**	-3.072	0.029**

将去趋势的产出缺口 Y_{cyt}、差分后的房地产泡沫 dQ_t 和名义利率 R_t 重新定义为 y_t、q_t 和 r_t，对它们进行常系数 VAR 模型的平稳性检验，最大特征根值为0.82，所有特征值均落在单位圆以内，因此 y_t、q_t 和 r_t 组成的常系数 VAR 模型符合平稳性条件。进一步在 TVP-VAR 模型中，根据既有研究的经验（Cogley and Sargent，2005），TVP-VAR 模型的平稳性在抽样完成后进行：即先进行不施加约束的直接抽样，若抽样结果不平稳则进行重新抽样。

（二）模型设定

基于传统的 VAR 模型，这一小节构建时变参数向量自回归（TVP-VAR）模型。模型框架及所运用的 Matlab 程序遵循 Nakajima (2011)：

$$x_t = B_{0,t} + B_{1,t}x_{t-1} + B_{2,t}x_{t-2} + B_{p,t}x_{t-p} + u_t \tag{3.3}$$

其中 $t=p+1$，…，n，$x_t=[r_t, y_t, q_t]'$ 为 $(p\times1)$ 的模型经济观测变量。$B_{0,t}$ 为时变截距项，$B_{1,t}$，$B_{2,t}$，…，$B_{p,t}$ 为 $(p\times p)$ 的时变系数矩

阵，$u_t = A_t^{-1}\sum_t \varepsilon_t$ 为服从正态分布 $N(0, \Omega_t)$ 的随机扰动项。对扰动项分布的方差进行分解，得 $\Omega_t = A_t^{-1}\sum_t \sum_t A_t'^{t-1}$。其中 A_t 为对角线元素为 1 的下三角矩阵，$\sum_t = diag(\sigma_{1t}, \cdots, \sigma_{pt})$。定义 β_t 为 $B_{1,t}, \cdots, B_{p,t}$ 的行堆叠矩阵，$a_t = (a_{1t}, \cdots, a_{qt})'$ 为 A_t 的下三角自由元素，$h_t = (h_{1t}, \cdots, h_{pt})$ 满足 $h_{it} = log\sigma_{pt}^2$。这三个时变系数向量服从随机游走过程：

$$\begin{aligned}\beta_{t+1} &= \beta_t + e_{\beta t},\\ a_{t+1} &= a_t + e_{at},\\ h_{t+1} &= h_t + e_{ht},\end{aligned} \quad \begin{pmatrix}\varepsilon_t\\ e_{\beta t}\\ e_{at}\\ e_{ht}\end{pmatrix} \sim N\left(0, \begin{pmatrix} I & 0 & 0 & 0\\ 0 & \sum_\beta & 0 & 0\\ 0 & 0 & \sum_a & 0\\ 0 & 0 & 0 & \sum_h\end{pmatrix}\right) \tag{3.4}$$

其中 $\sum_\beta$ 为时变系数矩阵，$\sum_a$、$\sum_h$ 为对角阵。β_{p+1}—$N(\mu_{\beta_0}, \sum_{\beta_0})$，$a_{p+1}$—$N(\mu_{a_0}, \sum_{a_0})$ 且 h_{p+1}—$N(\mu_{h_0}, \sum_{h_0})$。

（三）MCMC 估计

首先，本小节利用马尔科夫链蒙特卡洛方法（Markov Chain Monte Carlo 算法，简称 MCMC）得出式 3.3 中各参数的估计结果，见表 3.8。

表 3.8　　MCMC 模拟参数估计结果

参数	均值	标准差	95%置信区间	收敛诊断概率	非有效因子
b1	0.0038	0.0008	[0.0026　0.0056]	0.0%	216.79
b2	0.0030	0.0007	[0.0020　0.0047]	45.8%	41.08
a1	0.0055	0.0016	[0.0033　0.0092]	85.7%	57.31
a2	0.0492	0.0500	[0.0131　0.2204]	0.0%	330.91
h1	0.0055	0.0015	[0.0034　0.0094]	11.9%	40.96
h2	0.0771	0.0308	[0.0360　0.1603]	11.2%	102.20

注：滞后阶数：Lag=1；迭代次数：10000；随机数种子参数：5。

为保证样本的平稳性，先进行 1000 次预模拟（Burn-in），并舍弃预模拟的样本，再进行 10000 次有效抽样，以保证得到的样本点不依赖于初值选取。进行 10000 次连续有效的模拟抽样之后，可得到模型中各参数的后验分布。表 3.8 展示了计算得出的参数样本的后验均值、标准差、置信区间、收敛诊断概率和非有效因子。可以看出，所有参数的估计值均落入 95%的置信区间，最大的非有效因子数值为 330.91，模型拟合良好。

图 3.6 更加直观地给出了参数样本的自相关系数、样本路径和后验密度分布。估计结果表明马尔科夫蒙特卡洛算法能够有效地得到后验抽样，估计得出的参数分布可进一步进行脉冲响应动态分析。

借助 Matlab 软件得出的参数估计结果，下三角矩阵 A_t 的自由元素 $\tilde{a}_{2t}$ 和 $\tilde{a}_{3t}$ 分别反映利率冲击与房地产泡沫、宏观经济产出与房地产泡沫的同期关联特征。

如图 3.7、图 3.8 所示，从同期关联关系上看，利率上升和房价泡沫上涨之间的同期相关在金融危机前和经济复苏后较为明显，体现了较强的周期性。但从房价泡沫和产出的同期关联性看，金融危机期间房地产泡沫大量破灭，符合经济现实。具体来看，利率冲击与房地产泡沫之间的同期相关关系在 2007 年和 2011 年前后表现最为明显。2007 年，美国经济危机前的繁荣给中国的房地产市场造成巨大的连带影响。从中国人民银行出台的货币政策措施来看，这一年的利率冲击力度较大，房地产泡沫在市场上大量存在。2011 年，我国货币政策以危机后的宏观审慎框架为主基调，房地产泡沫在美国次贷大危机的余波后开始复苏，迎来下一波适度的成长。而产出和房地产泡沫的同期相关关系相对来说较为平稳。除了 2008 年国际金融危机前后产出和房地产泡沫之间不显著的负向同期关联之外，2003—2013 年并未发生较为强烈的波动。

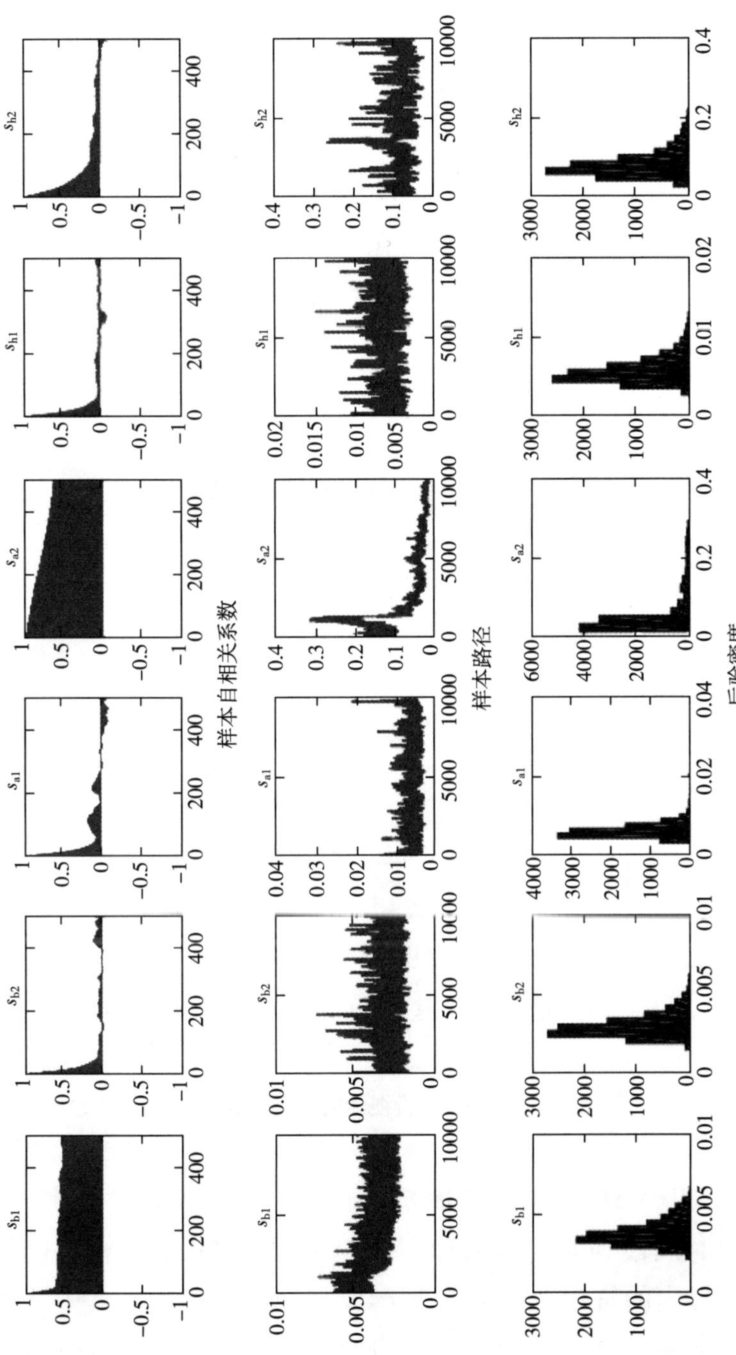

图 3.6　MCMC 估计的样本自相关系数、样本路径和后验密度

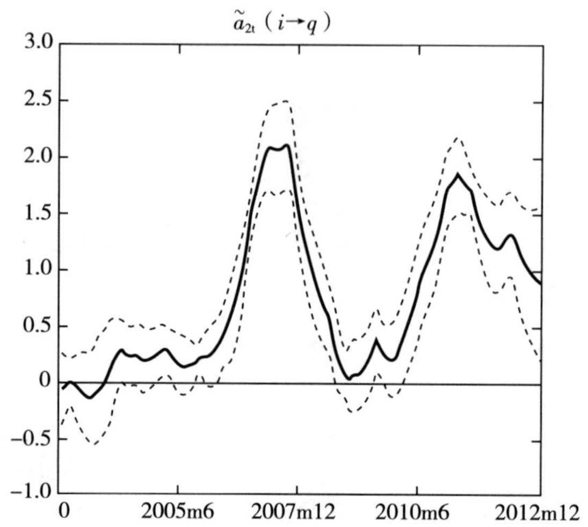

图 3.7 利率冲击与房价泡沫的同期关联

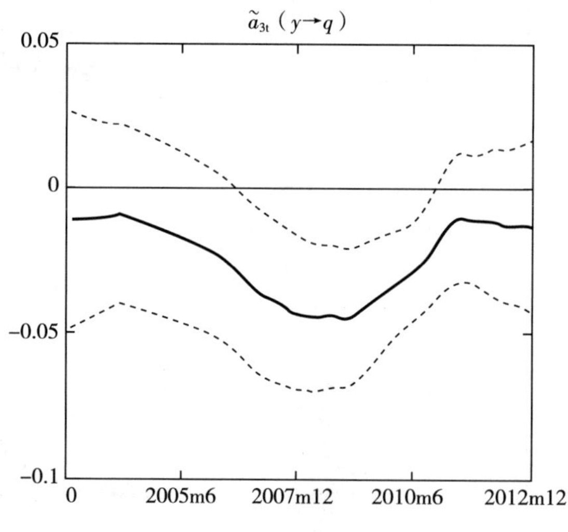

图 3.8 产出与房价泡沫的同期关联

（四）TVP-VAR 脉冲响应分析

下面用时间段和时间点两种维度的 TVP-VAR 脉冲响应函数分别展示估计得出的货币政策冲击对产出与泡沫的影响，其中前者侧重于比较利率冲击对房地产市场上的价格溢价和其余经济变量的长短期影响差异，而后者则着重反映特定时点经济背景下货币政策变动对房地产泡沫的影响。时间段上，分别观测短期（1 个月）、中期（半年）和长期（更长时间维度）一单位利率冲击的影响。时间点上，选取 2006 年 4 月（第 40 个月）、2009 年 8 月（第 80 个月）和 2012 年 12 月（第 120 个月）这三个时间点分别表示危机前、危机后和经济复苏后的三种不同经济环境。

从图 3.9 和图 3.10 中可以看出，无论是时段还是时点脉冲响应图都表现出利率冲击促进房地产泡沫扩张这一稳健结论。这一结果不仅与上一节常系数 VAR 模型的结果一致，并且再次支持本书紧缩的货币政策增大资本市场上的泡沫规模这一论断。

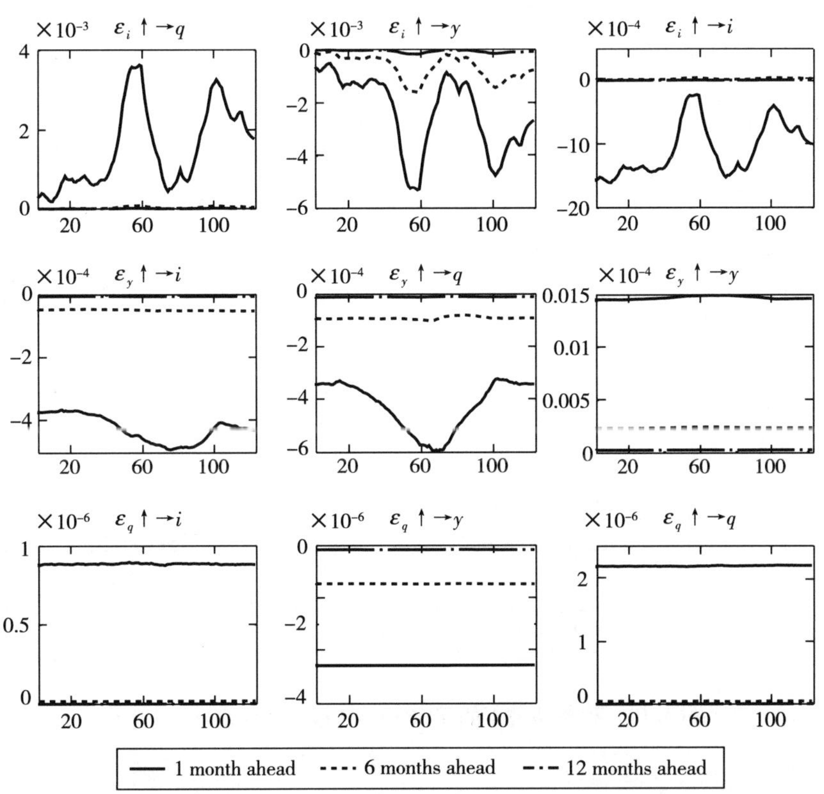

图 3.9　利率冲击下的 TVP-VAR 模型的时段脉冲响应

进一步仔细观察，图 3.9 显示利率冲击在短期内引起较大的经济波动，在中长期（半年和一年）下很快平息，说明货币政策的效果着重作用在短期。这一实证结果符合政策现实以及主流经济理论的解释：短期法定存款准备金率和存贷款基准利率的上调给反应灵敏的住房市场造成大幅波动，造成短期内借贷成本的急速上升和居民储蓄存款的升值，引起房地产市场上的价格剧烈波动。同时，利率冲击的影响持续时间较短，市场多在半年之后重新回到新的稳态。

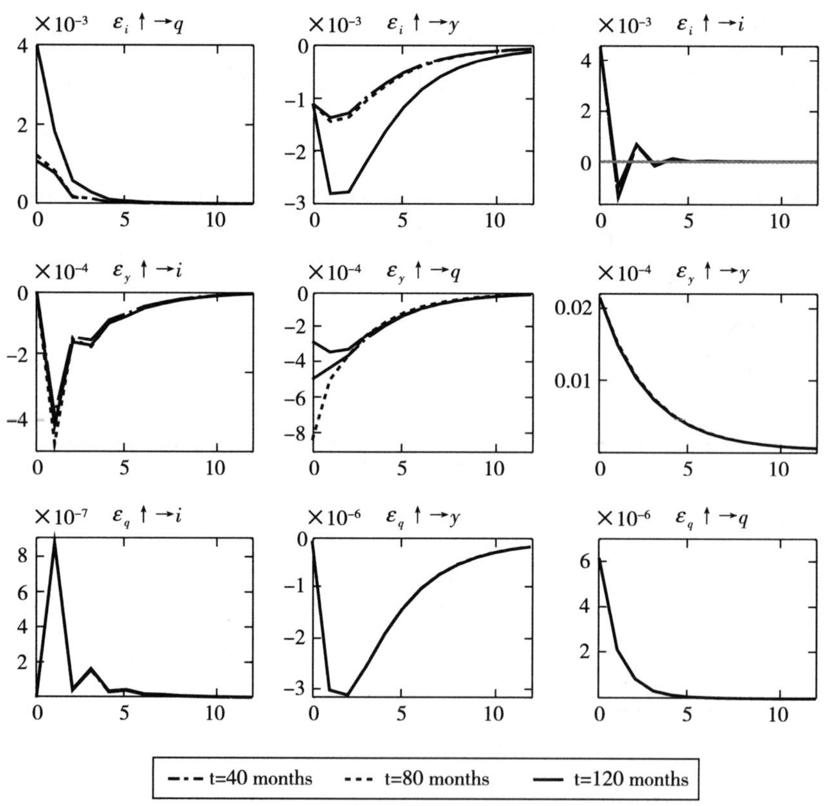

图 3.10　利率冲击下的 TVP-VAR 模型的时点脉冲响应

另外，观察图 3.10，可以看出不同经济环境下的脉冲响应主要在利率冲击对泡沫和产出的影响上有所区别，其中经济复苏后利率冲击的影响最为明显。从利率冲击对房地产泡沫的影响来看，经济复苏后实线（第 120 个月）的经济环境下利率冲击对房价泡沫和产出的影响幅度最大，货币政策最为有效。危机发生前整体金融市场笼罩在非理性的、狂热的投资者情绪下，利率收紧不足以压制过度乐观的投资者情绪；危机刚刚结束之后，市场信心跌入波谷，纵然有中央银行支撑托底，低利率的货币环境和宽松的信贷市场虽然会提振部分市场信心，但是仍不会使房地产市场和其他商品市场的交易立刻恢复危机前的活力。一般认为中长期之后，市场恢复弹性，货币政策恢复有效。这也说明危机时期在传统的常规性利率货币政策之外，中央银行需要辅助施以量化宽松、信贷宽松、前瞻指引、政府公信保证等非常规性货币政策，一般性的利率政策作用效果有限。

第四章

信贷约束下货币政策对房价泡沫传导的机制分析

基于第三章实证研究和数据分析得出的结果，本章进一步对信贷约束下货币政策对房价泡沫传导的理论机制进行系统性分析。第一节梳理本书的核心理论——动态随机一般均衡理论的发展、架构、分析范式，通过信贷配给理论解释信贷抵押约束下的泡沫需求从何而来，以及为何紧的信贷约束下意图遏制房价泡沫的货币政策有效性受到制约。第二节从“储蓄再分配机制”“未预期通胀机制”“未经对冲的利率风险敞口机制”“资产投资组合机制”“收入构成机制”这五个机制出发剖析货币政策变动传导并影响房地产价格泡沫的作用机理。第三节建立考虑金融摩擦和信贷约束的动态随机一般均衡理论模型，详细说明对家庭、厂商、金融中介、货币当局等部门的具体模型设定，给出稳态的泡沫均衡，并进行比较静态分析，对贯穿本书的“收益率机制”和“抵押品机制”进行机制分解，并用符合中国经济现实和传统理论的参数值进行校准，检验模型的实际适用性。

第一节　理论基础

一　动态随机一般均衡理论

（一）DSGE 理论的发展

动态随机一般均衡（Dynamic Stochastic General Equilibrium，DSGE）理论是宏观经济学基于一般均衡理论和微观经济原理，运用计量模型和数量方法解释经济增长、经济周期与波动等经济现象，评估政策效果的一种方法（Christiano et al.，2018）。详细说来，“动态”意味着该模型研究经济如何随时间而演变，“随机”意指模型经济受不确定的随机冲击所影响，“一般”指的是与局部均衡（Partial Equilibrium）相对应的整体经济系统，“均衡”则意味着模型符合瓦尔拉斯法则和一般均衡理论。

在 20 世纪 70 年代的滞胀时期，新古典经济学派从理性预期出发对凯恩斯主义经济学的观点提出质疑。Lucas（1976）提出的“卢卡斯批判”当属宏观经济学领域最著名的理论之一，标志着宏观经济理论的研究范式向更加注重微观基础的范式转移。在这篇文章中，罗伯特·卢卡斯（Robert Lucas）指出：首先，包括经济个体最优决策规则的计量模型结构受政策变量变化的影响，因此个体进行跨期最优选择时遵循的函数关系形式随时间、政策变化而变化。其次，计量模型的待估参数也是政策变量的函数，并不是常数。因此，从高度加总的历史数据中预测得到的经济政策效果并不准确。在预测政策措施所带来的影响时，政府必须将外生变量纳入考虑。这些外生变量包括可控变量（比如现已颁布的成文政策法规），非可控变量（如天气），或者各种变量的系统性组合（如政策变动下的个体决策预期或投资者情绪变化）。

20 世纪 80 年代，理性预期学派兴起，Kydland 和 Prescott

(1982) 建立实际经济周期 (Real Business Cycle) 模型，引入生产率层面的随机波动，在经济增长趋势上添加外生随机成分，这是动态随机一般均衡建模的起点。例如创新、天气、石油价格大涨、环境管制法规的公布等各种各样的经济冲击直接作用在资本、劳动等生产要素上，进而影响企业和工人的决策及其消费行为和生产活动，最终对宏观经济产出产生总体影响。

在价格灵活可变的新古典增长 (Neoclassical Growth) 模型的理论基础上，实际经济周期理论逐渐发展成熟，研究现实中的未预期冲击怎样造成经济周期的波动。早期的实际经济周期模型假定经济体由完全竞争市场中活动的代表性消费者所构成，模型的不确定性源于技术进步所带来的冲击。这里，“代表性消费者”可以按照字面理解为市场上决策行为具有普适代表性的消费者，从数学上也可理解为阿罗—德布鲁市场 (Arrow-Debreu Market) 中面临个体性收入冲击的异质性消费者的戈尔曼加总 (Gorman Aggregation)。根据 RBC 理论的核心观点，总体经济活动的波动是经济对外生冲击的合理反映。

根据芬恩·基德兰德 (Finn Kydland) 与爱德华·普雷斯科特 (Edward Prescott) 的描述，由于就业水平的波动在经济周期中处于核心地位，模型在衡量消费者效用时不能只考虑消费水平，还应当考虑闲暇 (Leisure)。一个时间上不可分的效用函数，可以带来更大的消费和闲暇之间的跨期替代，于是可以在模型中产生更大的就业波动。根据他们的研究结果，两位作者提出了一个较为尖锐的政策启示：在满足模型假定的前提下，货币政策与经济波动无关。以稳定经济周期为目的的政府政策最终将会减少社会福利，因此任何政府干预不仅不必要，也不合意。

随着理性预期在新古典框架中的融合以及 Sargent 和 Wallace (1975) 从理性预期角度对宏观经济政策有效性的质疑被广泛接受，新古典学派逐渐成为 20 世纪末宏观经济学的主流。与此同时，新凯恩斯学派逐渐兴起，以价格黏性和工资黏性将新古典学派的微观基础融合到传统的凯恩斯主义经济学中。作为对托马斯·萨金特（Thomas Sargent）和尼尔·华莱士（Neil Wallace）的有力回应，Phelps 和 Taylor（1977）指出，“货币政策中性”这一结论所要求的关键假设在于“完全灵活的价格”而非“理性预期”。如果价格或工资是黏性的，即使全体企业和工人都是理性预期的，货币政策对调节经济稳定仍然有效。经过 Taylor（1999，2007）对世代交叠的工资和价格设定的交错合约模型的发展，新凯恩斯宏观经济学在理性预期的微观基础上对传统宏观模型进行重建。Rotemberg（1982）将调整价格可能存在的成本归因于厂商调价时消费者的情绪波动导致的销量波动，并运用美国第二次世界大战后的数据证明了理性预期均衡下价格黏性仍然存在。Mankiw（1985）认为价格黏性既是私人有效的，又是社会无效的；经济的周期性波动起源于需求冲击引起的非最优的价格调整；政策干预能够稳定总需求，降低这种次优价格调整所带来的社会损失。20 世纪末，宏观经济学逐渐向新古典综合（New Neoclassical Synthesis）发展：Goodfriend 和 King（1997）对之前直接盯住通胀目标的“激进型”货币政策进行修正，添加对供给冲击的反应、对价格指数的选择，考虑中央银行需要履行的多重任务以及利率政策的实施策略，使得宏观经济政策实用性更强，更加理性、综合而全面。正如 Woodford（2009）所总结：宏观经济学在建模时应当以跨期连续的一般均衡为基础，这使得模型能够在一致的框架下分析短期波动和长期增长。对于政策效果的数量分析应当建立在对结构模型的精确估计和模拟上，这一点对于注重微观基础的现代宏观经济学来说至关重要。虽然正如理性预期学派所强调的，任何政策措施都会影响到人们的预期，但是只要给定足够精确的实时数据，设计反馈型政策规则以达到减少经济波动、维持稳定并非全然不可能。

（二）DSGE 模型的架构

由于动态方法的引入，动态随机一般均衡模型在此前应用广泛的 AGE（Ap-plied General Equilibrium）模型和 CGE（Computable

General Equilibrium）模型等静态模型上取得较大创新。

DSGE 模型的框架一般由内在相关联的需求方、供给方和货币政策方程组成。具体而言，模型方程的构建基于微观基础，对经济中微观个体（家庭、厂商、政府等）的行为做出明确假设，令它们在特定的函数形式下最优化自身行为：基准的 DSGE 模型要求家庭根据消费水平和需要付出的劳动力确定最大化的效用函数；厂商以追求企业利润最大化为目的，根据特定的生产函数确定雇用工人的数量、资本和其他生产要素的投入。为了构建稳定、可解的模型系统，一些可能涉及的假设包括某个或某些市场完全竞争、所有价格及时调整（不存在黏性或滞后）、理性预期、不存在外部性和公共产品、不存在不对称信息、同质化企业扮演价格决策者的角色、无限期存活的同质化家庭成员扮演价格接受者的角色等。

同时，为了模拟真实的经济系统，使得模型估计结果更加符合经济实际，DSGE 模型在完善的过程中也会在各部门添加不同类型的约束：比如，厂商在决策时通常面临技术约束，在改变资本存量、人事关系或产品价格时需要付出一定的调整成本；政府在就业市场上征收扭曲性税收①，影响家庭的行为决策；消费者有习惯持久性，其效用函数取决于两期消费的变化；投资调整成本的存在平滑投资行为、降低投资波动；企业在改变雇用计划时面临长期合同限制等。总之，DSGE 模型以捕捉政策举措和投资者行为之间的相互作用为目的，加入随机冲击引发模型经济的波动，因此能够很好地追踪并描述突然的政策举措作用到经济的传导机制。由于 DSGE 模型将微观基础落脚于模型决策者的偏好，在发展中成为评估政策变化的福利效应广泛使用的基准模型。

（三）DSGE 模型的分析范式

严格说来，大量运用动态随机一般均衡模型建模的理论研究从

---

① 扭曲性税收（Distorting Taxes），又称非中性税收，指的是政府征税改变原有的均衡价格体系，个体经济行为的调整带来社会福利损失的一种现象。

分析范式上可分为两大流派：一是前两节所解释的古典的 RBC 模型，二是新凯恩斯（New-Keynesian）DSGE 模型。新凯恩斯 DSGE 模型的架构与 RBC 模型类似，区别在于假定价格由垄断竞争厂商所设定、名义刚性（或黏性）的存在导致价格调整存在滞后性和调整成本、货币政策非中性（Galí，2015；Woodford，2009；Clarida et al.，1999）。

近年，DSGE 模型在构建、模拟和估计方面的发展使得研究者得以将宏观模型系统的微观决策推导和满足宏观时间序列数据主体特征的校准和估计相结合成为可能。以 Smets 和 Wouters（2002）为典范，欧洲中央银行（European Central Bank）根据欧元区整体经济搭建了这样一个在经验数据上可信的 DSGE 模型，称为 Smets-Wouters 模型。根据欧央行的描述，基于经验数据的 DSGE 模型和传统的宏观计量模型相比有这样的优势：结构方程中的参数和冲击与内生于家庭偏好、资源约束或制度限制的结构参数紧密相关。通过运用贝叶斯估计将包括实际 GDP、消费、投资、就业、实际工资、通货膨胀率、短期名义利率在内的关键宏观经济序列数据纳入动态模型系统中分析，DSGE 模型比起原先的无约束时间序列模型（如向量自回归模型、样本外预测方法等）在政策评估上具有更高的准确性和有效性。

二　信贷配给理论

（一）信贷配给理论

根据经济学的基本法则，市场主要通过将商品配置给出价最高的买家发挥作用。供需相等时市场达到均衡，买方和卖方认定同一价格，市场出清。应用到金融市场上，均衡时市场利率等于信贷价格。在现实经济运行中，信贷配给（Credit Rationing）并非一直处在均衡水平。当经济受到暂时性冲击时，市场可能出现有效投资和非有效投资共存的现象。此外，政府的法规条例（如《反高利贷法》等）也会从侧面干扰到供求关系的自发平衡（Leece，2008）。更为普遍的是，逆向选择等长期性的信息不对称特征给信贷市场带来了广泛的金融摩擦，各个金融资产的收益率可能大相径庭。

金融摩擦的出现为理性泡沫理论中无法解释的经验事实提供解释——投资水平未能达到资本收入，平均投资水平是动态有效的，不需要理性泡沫的存在来缓解动态无效的投资（Abel et al.，1989）。事实上，即使综合得到的平均投资水平动态有效，经济仍然可能包含一部分能够滋生泡沫的动态无效的投资。更有甚者，扩张性的理性泡沫能够通过降低投资回报自发创造动态无效投资来进一步支撑泡沫的发展。正是由于金融摩擦的存在，理性泡沫存在的条件被大大放松。

作为研究不完全信息下的信贷市场配给的奠基之作，Stiglitz 和 Weiss（1981）构建理论模型阐释信贷配给如何通过市场均衡完成配置。由于贷款机构面临逆向选择，他们在签订合约前不知道自己面对的贷款者风险偏好如何、是否具有良好的信誉度。如果将贷款者根据风险偏好分为保守型风险厌恶者和激进型风险偏好者，保守型贷款者不太愿意接受较高利率，他们同时不太容易违约，最终常常能遵守承诺还款。激进型贷款者倾向于接受较高的贷款利率，但是违约可能性较大，常常无法按时还款。因此信贷份额会自动在不同类型的贷款者之间分配，并且给他们配给差异化的贷款利率。

另一种情形下的信贷配给源于委托代理问题，即不完全市场产生的信息不对称导致的道德风险。信贷市场上的道德风险是导致次贷危机发生的重要因素。根据 Holmström 和 Tirole（1998）的模型，假设市场上有这样一种企业，他们持有的初始资本不足以满足投资需求，因此需要为其投资项目融资。通过付出“高”或“低”这两种类型的努力程度，企业家能够影响投资项目成功与否的结果（高努力程度对应更高的成功概率；反之，低努力程度意味着低成功概率，但同时也赋予企业家更多的闲暇时间）。于是，即使努力工作意味着成功可能性更大，贷款企业家仍有动机不付出辛勤的劳动，因为贷款合约早在实际生产过程开始前就已经签订好了。高努力程度的企业家之间的竞争性均衡是有效的，因此市场是能够保证投资行为有序发生的。然而，由于贷款机构无法提前观测贷款企业的行为，企业家必须自掏腰包参与到项目融资中，承受一定的投资风险。当他们拿出一部分企业资产出来做担保时，银行才会相信企业家的个人利益与投资项目的成败相关联。由于项目失败时企业家将蒙受损失，他们必然会为了追求高质量的项目成果而付出较大努力。当企业的初始成本达不到银行所规定的最低下限时，信贷配给自动发生，并且在代理成本更高和企业初始资本稀缺时程度更重。

以 Gertler 和 Bernanke（1989）的一般均衡框架为开端，诸多经典研究展示了企业层面受到金融摩擦的动态模型如何放大实体经济受到的巨大波动：在 Bernanke-Gertler 模型中，外生冲击对贷款者现金流的影响放大和传播了实体经济的波动。比如，一个负向的生产率冲击降低了当前的现金流，降低了企业通过留存收益向投资项目融资的能力。这样，企业净资产的下降相应提高了外部融资溢价的均值和新投资的成本。投资水平下降导致经济活动疲软，未来现金流进一步降低，最终将初始时较为温和的冲击放大演变为巨大的金融海啸。信贷约束和金融摩擦产生的这一放大作用即使在外生冲击是独立同分布的情况下依然与总产出的波动序列相关。贷款者初始的财务状况越差，现金流的传播效应越强。类似的，Greenwald 和 Stiglitz（1993）解释了金融因素如何影响包括就业、存货和资本投资在内的企业生产的要素投入，从另一方面补充了信贷市场不完全传播经济波动的传导路径。以这些研究为基础，Bernanke 等（1999）著名的“金融加速器”（Financial Accelerator）理论更加系统地阐释了信贷市场摩擦在经济波动中所扮演的向宏观经济放大并传播冲击的“金融加速器”角色。货币和价格黏性的引入使得信贷摩擦影响货币政策的传导途径；投资滞后性这一设定使得模型结果呈现符合经验事实的驼峰状（hump-shaped）产出动态以及资产价格和投资之间的“超前—滞后”关系。此外，他们还考虑到了贷款企业的异质性。

（二）贷款抵押约束和泡沫需求

从2007年夏天开始，美国不断恶化的企业信贷能力是2008年国际金融危机爆发的直接导火索，诸多证据也显示，1990年和2001年的经济衰退同样受到了信贷状况的严重影响。贷款抵押约束是解释2008年国际金融危机全线爆发的关键机制，它的存在使得房价和经济活动在经济周期中的演变规律是不对称的。当市场上的平均房价居于一个较高的位置时，房产抵押约束松弛，微观个体的消费和借贷决策受房价波动影响较小，敏感性不高；相反，如果房地产市场不景气，房价疲软，在那么紧的贷款抵押约束下，消费者的借贷和支出随房价上涨显著增加，尤其是在贷款者的早期借贷压力较大时更为明显。

2008年的危机后，中国的“四万亿财政刺激计划”随即出台，央行不断收紧广义货币供应量（M2），旨在冷却财政刺激带来的信贷激增。虽然挤压泡沫的紧缩政策的确实现了限制新增贷款和M2供给的理想目标，但却同时使得资产底子薄弱、本身信贷配给短缺的中小企业遭受流动性危机，不得已转向门槛较低的民间借贷。无意间，庞大的影子银行系统发展壮大，间接鼓励银行账目中以非贷款类资产的形式出现了大量影子银行产品。根据Chen等（2018）的研究结果，2013—2015年，我国影子银行贷款占新增贷款的份额垂直上升约20%，以消除泡沫为宗旨的加息缩表反而潜在性地加大了金融市场的杠杆。进一步分析其理论传导机制，当经济受到不利的金融冲击、整体信心崩塌时，受到信贷紧缩约束的企业无法通过改变股权债务比重来改变其金融结构。若是企业想保持其原有的生产计划不受影响，只有裁员这一种途径可供选择。又如刘一楠（2017）所刻画的，在引入房地产信贷抵押约束的NK-DSGE模型中，住房作为金融加速器进入金融市场，房价上升增强了微观个体持有的抵押资产价值，家庭和企业倾向于增加住房持有以应对未来预期可能发生的冲击，房地产市场“价量齐增”的现象因此出现。着眼于劳动力市场的均衡条件，信贷抵押约束的束紧程度越大，工资的边际成本越高，进一步降低企业的劳动需求，实现金融市场冲击对实体经济的传导。若是谨慎考虑泡沫所隐含的抵押品价值，包含企业内生性信贷约束的无限期模型（Miao and Wang，2014，2018）说明资产价格泡沫在信贷条件优良的市场上生存机会渺茫。当企业内部融资受到限制、不得已依靠泡沫资产抵押进行外部融资时，宽松信贷供给能够给企业注入充足的流动性，使其在不需要依赖于外在的资产泡沫的条件下筹集资金维持正常生产。因此，央行应当将政策制定的重点放在改善信贷市场条件、严格监管资本市场上，以便在第一时间防止泡沫产生，而不是在出现泡沫后思考怎样将其戳破。

抵押约束的存在可能会给泡沫的滋生创造条件（Kocherlakota，2009）：在无限期模型中，如果贷款人由于抵押品稀缺而面临借贷约束的限制，均衡时抵押品价值溢价，产生泡沫。这些泡沫扩张了贷款者的借贷能力，并导致产出、消费和整体社会福利的进一步上升，因此对于资本的优化配置起到良性作用。

根据无套利原则和理性泡沫没有内在价值的性质，资产泡沫的内在增长率实际上是随市场利率上升的。紧缩的货币政策表面上带来了资产价格的下降，实际上却使其基本面萎缩，泡沫部分隐性上升（Galí，2014）。尤其是在若干轮量化宽松后信贷增速强劲的大背景下，虽然对资产泡沫逆向打压能够实现给信贷降温的目的，但同时驱使银行为规避存贷比和安全贷款管制加大对风险性较高的非贷款类资产的投资，给金融市场带来潜在的不稳定因素。

与泡沫共生的信贷繁荣一旦失去信心的支持，资本市场上的泡沫崩塌将通过损伤企业的抵押品价值和负债能力阻碍投资和生产（Fisher，1933）。关注于企业层面的金融摩擦的一系列动态模型（Kiyotaki and Moore，1997；Carlstrom and Fuerst，1997）指出，信贷市场的不完善给盯住泡沫的货币政策带来了诸多障碍。

在抵押约束的开山之作中，清泷信宏（Nobuhiro Kiyotaki）和约翰·穆尔（John Moore）构建了一个耐用性资产扮演生产要素和贷款抵押资产双重作用的动态经济模型。在他们的模型中，土地既能作为生产要素投入使用，也可以作为抵押物担保筹集贷款。暂时性的技术冲击降低土地价值，连带造成所有者抵押资产的缩水。这样，信贷市场上的抵押约束随之收紧，生产和支出下降，最终更加减少了土地价值，在这种情况下，即使技术水平或收入分布受到微小的暂时性冲击，总体产出和资产价格都有可能会发生大幅度的持久性波动。信贷限制和资产价格的动态相互作用是冲击的效果持续、放大并蔓延到其他部门的有力传导途径。

在 Bernanke 等（1999）引入信贷和抵押约束要求后，大多数关注抵押约束在一般均衡模型中作用的文章着重分析信贷的需求方（Goodfriend and McCallum，2007；Motto et al.，2008）。正如 Tobin（1982）所说，信贷市场上的贷款需求源源不断：年轻的家庭成员没有足够的积蓄，流动性受限，却有更高的边际消费倾向，指望用自己的未来收益做担保缓解资金压力；同时，生产性企业为了筹集到足够的资金，也会有较强的融资需求。在重点关注信贷需求端的模型设定中，均衡中产生的信贷价差（外部融资溢价）是企业的投资项目风险和财产净额的函数，在完全竞争市场下运行的金融中介机构根据需求方的情况自行适应与调节。具体到关于住房抵押约束，Iacoviello（2005）分析了正向的需求冲击与房价上涨的紧密联系。如果经济总需求上升，消费价格和资产价格将同时上涨。资产价格的上升强化了微观个体的融资能力，使得他们有可能增持投资、增加消费；与此同时，消费价格的上升降低了他们未偿还债务的实际值，也使得期望净资产增值。通常来说，贷款偏好者比起保守的储蓄偏好者来说有更高的消费倾向，因此抵押约束的存在对总需求造成进一步的刺激。比起代表性个体和无摩擦金融市场的基准模型，信贷约束将贷款偏好者用作担保的抵押品价值引致的资产价格变动考虑进来，并产生有效的放大机制。

近年来，金融市场的信贷供给方的关注同样引起了宏观经济学家的注意（Gerali et al.，2010；Gertler and Kiyotaki，2010；Dib，2010）。考虑到商业银行是家庭和企业筹集资金的最主要渠道，银行部门内部的竞争程度、利率设定策略及银行的财务稳健性对经济周期的动态变化都尤为重要。从抵押约束的供给侧角度看，银行资本是银行决定信贷供给的数量和价格（即利率）的重要标准，而银行部门的资产负债表状况、贷款率或贷款价值比率（Loan-To-Value ratio）将大大影响银行信贷机制的传导：如果政策收紧时银行杠杆率上升，货币政策冲击传导到实体经济的效应将被放大；反之，政策利率上升时银行杠杆率的下降，将对严格的货币政策起到一定的缓冲作用。因此将银行的杠杆状况和他们面对中央银行设立的抵押品制度时制定的利率设定策略纳入现代动态一般均衡系统，金融市场信贷供给侧产生的一系列冲击以及它们怎样传播到实体经济中将能受到良好考察。与资金实力雄厚、信用等级较高、规模较大的批发银行（Wholesale Banks）相比（它们主要面向大型社会团体和事业单位），面向微观个体和小企业的零售银行（Retail Banks）普遍来说从事零散流动的交易业务，着重客户细分和差异化的金融产品与服务，其存贷款市场都存在一定程度的垄断竞争。在这种情况下，他们手中所掌握的市场权力使其能够根据实体经济受到的冲击或周期波动调整存贷款利率，贷款市场和存款市场相对于政策利率都存在一定的利差。其中，贷款利率高于政策基准利率的加成（Markup）部分将放大货币政策冲击对贷款者的消费与投资决策的可能影响；同理，存款利率低于政策基准利率的减价（Markdown）部分也会缓解货币政策冲击对放款人决策的作用。这些零售银行业务是金融市场到实体经济的反馈循环（Feedback Loop）的中心所在：当宏观经济形势恶化时，银行利润及银行资本受到负面冲击。考虑到即将到来的经济颓势，银行将对接踵而至的财务状况恶化（一般表现为杠杆率的上升）做出准备，减少发放给客户的贷款数量，进一步加剧经济下滑。

（三）去杠杆与货币政策有效性

传统经济学理论中，利率作为金融市场到实体经济的重要传导变量受到宏观经济学家的高度重视。对于国际金融危机后逐渐受到关注的现代金融体系，信贷市场上的杠杆率直接作用于融资决策，进一步影响到家庭和企业承担的债务，对金融市场中的资金运转产生关键影响。

随着金融自由化的提高和金融创新产品的不断涌现，杠杆率在经济周期的波动中既能促进良性发展，又会加重恶性循环（张军、王永钦，2009）：经济上行时，金融机构根据乐观的市场行情放出较高的杠杆率，资产被看好而价格升高，消费活动增加，生产受到刺激，这是一个正向的反馈循环路径；然而，当经济疲软或受到消极事件的冲击（如中美贸易战、新冠肺炎疫情、俄乌冲突等）时，宏观经济局势面临更大的不确定性，市场行情普遍较悲观的情况下总体杠杆率和资产价格都将下降，进一步打击生产积极性、抑制消费，造成更深层面的经济衰退。

除此之外，在微观个体的最优决策中，繁荣时期和衰退阶段它们所盯住的目标函数也有所不同：经济繁荣时微观个体以发展生产为目的，追求企业利润（或劳动力报酬）最大化，此时杠杆率的上升放大利润和报酬，“锦上添花”；经济衰退时，在市场不景气的大背景下，微观个体面临的问题由“发展”转为“存活”——企业的战略计划由追逐利润最大化转变为最大限度地减少亏损或防止破产，劳动者的个人目标也从“加薪”变为“防止被裁员”。在他们迫切地需求更大的流动性资金时，杠杆率收紧的大背景“雪上加霜”。

在传统的凯恩斯主义经济学（Keynes，1936）中，当利率下降到一定程度时，人们形成“绝对流动性偏好”，即使货币当局增发货币，他们也宁愿持有现金而不是存入银行，此时货币政策失效。

由于近年来较为严厉的去杠杆政策，流动性陷阱在当前的中国经济局势下再次出现，并给中央银行的常规性货币政策操作带来相当大的难题。从 2018 年年初开始，虽然中央银行数次下调存款准备金率，努力改善银行间市场上的流动性，但中国的社会融资规模增长仍然放缓，实体经济融资难度加大，也就是说，利率渠道的货币政策在传导机制中出现失灵、作用效果受限，而施加阻力的正是不当的去杠杆措施。

随着2017年年末“资管新规”的正式落地，整体金融市场被雷厉风行的“监管风暴”所笼罩。诚然，对于潜藏风险的影子银行业务加以约束是正当而有益的，但过度严厉的监管措施也给有活力的创新型民营企业带来沉重打击，在一定程度上阻碍了流动性从金融市场向实体经济的转移。此外，为了抑制地方债务规模的扩张，一系列针对地方政府的去杠杆政策和土地调控政策出台，直接打压了基础建设投资和地产投资的增长，截断了货币政策传导到实体经济的另一重要途径。

这样，本该畅通的银行间市场在过度的去杠杆政策下演变成为“只进不出”的堰塞湖，继续增加基础货币的投放无法解决实体经济的困境，增加利率也无法打压房地产市场高企的泡沫，货币政策的制定与实施面临困境。

第二节　货币政策对房价泡沫的作用机理

从宏观经济学的理论机制出发，货币政策对房地产市场上的价格泡沫的影响和传导主要体现在以下三个方面：收入效应、财富效应和替代效应。

收入效应是指货币政策直接作用于房贷还款人未来支付房款时所依据的利率，家庭终生收入的改变影响了购房需求，加深（或减少）房价泡沫。财富效应源于货币政策的变化对家庭持有的房屋资产价值的改变，这将影响房价的基本面和溢价成分的构成，改变房地产价格泡沫的规模。除了房屋资产价值，经济个体所持有的股票、债券等其他资产也会随着货币政策的改变发生价值变化，从一般均衡的角度考虑，这些其他资产市场上的价值波动将进一步影响房地产市场泡沫的演变和发展。替代效应则是在控制家庭实际收入不变的情况下利率变化导致的相对资产价格变动对房价泡沫产生的影响。

简单来说，如果在家庭的效用函数中仅考虑非耐用品消费和房产这两个变量，货币政策的变化使得这两个变量的相对成本发生变化，引起家庭购房需求的转移，最终对房地产市场上的泡沫规模造成影响。

在这些效应的交互作用下，家庭、厂商、金融市场、政府政策等不同维度上的异质性给货币政策的传导路径带来不同程度的影响。由于其特有属性，住房资产与一般资产市场相比具有明显差异，受购房者个人偏好影响至深。大到住房资产所在的城市区位和地方政府的政策差异，小到社区环境、是否处在地铁沿线甚至房屋的朝向，都将对房屋资产的交易活动产生影响。不同购房者之间的社会经济差异同样导致房地产市场上的隐性价格波动：社会地位和收入水平较高的购房者会愿意为城区的天价学区房一掷千金，而大多数普通工人只求有一套能够栖身的住所满足安身立命的刚性需求。对于绝大多数中国家庭而言，20 世纪 90 年代住房制度改革之前的住宅建筑多以单调的六层钢筋混凝土框架结构住宅楼为典型特征。作为社会福利的重要组成部分，住房根据工人的工作年限和职位等级指派分给老百姓，而包括区位、房屋质量等西方国家房屋产权的重要决定因素在计划经济时代并没有引起人们的广泛关注。改革开放后，住房逐渐商品化和货币化的进程使得房地产市场的交易活动更加多元，人口、制度和市场经济因素共同参与住房供给和居民决策的变动。如同 Dolado 等（2018）所说的，同样一种货币政策措施经过多重的异质性作用将对市场产生大相径庭，甚至相互抵消的影响。因此，货币政策从总体上最终指引房地产价格泡沫向何种方向、何种规模上演变，取决于这些不同维度的经济变量如何分布。下面，本节将就货币政策怎样通过这些异质性传导到房地产市场上并造成泡沫波动进行详细的理论阐述。

（一）储蓄再分配机制

当中央银行决定施行宽松型的货币政策时，市场利率下降，居民在银行或其他金融机构中的货币存款将产生更低的回报率，即储蓄发生“贬值”，实际收入或财富下降。与此同时，签订贷款合同的经济个体已承担的债务（如每月需要按期归还的个人住房贷款、汽车贷款等）也随之减轻，可支配收入增加。在这一过程中，货币政策通过利率的变动将财富从净储蓄者向净负债者进行转移。由于社会中的净储蓄者通常意义上承载较低的住房需求，房地产贷款绝大多数落在刚性需求的净负债者头上，利率的降低将缓解他们的购房需求，缓解房地产市场上的泡沫。

（二）未预期通胀机制

货币政策的改变导致下一期的通胀水平上升（下降），名义价格的变动引起资产负债表重估，资产类账户和负债类账户比重发生变化。以企业为例，名义价值固定的债务和现金持有水平在未预期通胀水平的变动下影响其流动资产周转率、财务杠杆比率、资产负债率和偿债率，很大程度上影响企业在房地产市场的投资决策，以及房价泡沫的增长跌落。

（三）未经对冲的利率风险敞口机制

根据宏观经济学和资产定价的经典理论，市场利率的变动导致利率风险敞口①变化，进而造成企业市场价值发生盈亏。实际利率的下降导致金融市场上资产价格的上升。然而，这并不代表着资产持有者将一定获益。如 Auclert（2017）所解释的，资产到期日的长短影响投资者所面临的未经对冲的利率风险敞口②。如果经济个体将手中的财富主要投资于短期存款，其未经对冲的利率风险敞口大概率为正，在实际利率下降时承受损失。而对于那些将金融资产集中于大额长期债券投资或抵押贷款债务的投资者来说，他们常常面临负的未对冲利率风险敞口，在宽松型货币政策下获益。因此，从这一理论机制出发，利率的降低刺激了投资者的购房需求，加大房地产市场泡沫。

---

① Interest Rate Exposure，简称 IRE，指的是利率敏感性的资产和负债之间的差额。

② 未经对冲的利率风险敞口被称为 Unhedged IRE。

（四）资产投资组合机制

通过提高金融市场上的资产价格，利率的下降改变家庭持有资产的投资组合，进一步改变家庭资产负债表结构，各种资产的收益率下降幅度有所差异（Coibion et al.，2017；Inui et al.，2017）。股价和债券价格的升高提高了投资组合中金融资产比重较高的高收入家庭；相应的，如果家庭的投资组合主要集中于房地产，那么房价收益率的上升幅度对他们来说至关重要。随着家庭将投资向最高收益率的资产进行转移，房地产市场的兴衰和溢价程度发生变动，房市泡沫的规模也随之变化。

（五）收入构成机制

工作性质的不同导致家庭成员获得收入的渠道各有不同，而他们挣得的可支配收入在货币政策的影响下的变化也大相径庭。在一个健全的社会体制下，低收入个体通常依靠政府转移支付（如社会保险、失业救济金等）存活；中等收入者的预算约束中，劳动收入则占据主要部分。而对于那些处在收入分配顶端的富人来说，企业收入和资本利得占据绝对权重。如果中央银行宣布实行宽松的货币政策，利率的下降在常规的金融市场传导下刺激经济活动，提高工资而降低失业，更多地惠及低收入者和中产阶级。然而，这一机制对房地产泡沫的发展既可能起推动作用，也可能起压制作用：刚需性且人口庞大的中产阶级和需求迫切的低收入者在福利改善的情况下可能一拥而上涌向房地产市场，哄抬房价；人口占少数却手持丰富资本的大企业家也有可能在资产缩水的情况下谨慎操作，撤回在房地产市场上投入的资金，缓和房价泡沫。

总的说来，政策利率对家庭储蓄、财富、市场价格、工资、就业状况等方方面面产生的不同程度的影响都有可能导致房地产市场上泡沫的膨胀或减退。最终何种机制或者哪些机制的组合占据主导地位，需要建立尽量贴近现实市场的一般均衡理论模型进行系统性的分析。

第三节　包含信贷抵押约束的动态随机一般均衡理论分析

与经典的萨缪尔森—梯若尔（Samuelson - Tirole）模型保持一致，模型经济由世代交叠（Overlapping）、两期存活的家庭构成。

家庭的消费和购房习惯对于货币政策的传导作用具有重要影响。比起保守的老年人来说，年轻人更习惯于依据其预期收入持有贷款，贷款频率也更加频繁。同时，年轻人也是更易受到短期流动性限制的一个群体。

具体到家庭层面来看，随着年龄的增长，家庭异质性将衍生出驼峰状的效用函数，沿着生命周期总财富和住房拥有率上升而债务持有水平下降。如 Wong（2018）所建立的生命周期模型中所展示的那样，年轻人和老年人对货币政策进行反应由于再融资决策的差异可能产生 40%的差异。

结合中国的国情和城市化的进程，大量生产能力较高的年轻人口源源不断地涌入经济相对发达的城市，成为住房购置的主力军。相比之下，农村中的老年人迁移率较低，在住房市场的交易中占据很小的比例；城镇中的老年人也大多拥有稳定的住房，购房需求很低。这些因素使得世代交叠模型在房地产市场的分析中更加适用。[①]

除此以外，本书将住房资产的质押属性考虑在内：住房可以在房地产市场上参与交易，使家庭成员获得投机性收益。除此以外，

---

① 近年来，一些着重考察人口结构、就业状况和收入分布异质性的理论研究（Berger et al.，2017；Sterk and Tenreyro，2018；Etheridge，2019）对活跃在劳动力市场上的年轻一代人进一步细分。本章意在考察货币政策对房地产市场泡沫演变的宏观整体影响，两期设定的 OLG 模型已经能够良好刻画本书拟分析的经济活动，没有必要将微观个体的代内行为决策纳入详细分析。这不仅大大加深了模型的复杂程度，也对一般均衡的加总带来困难，尚不属于本书的讨论重点。

房地产也具备抵押属性，可作为抵押资产给家庭在贷款时提供担保。

借鉴 Song 等（2011），家庭成员具有异质性技能，作为企业家或工人两种个体参与生产活动。细分来看，在每一期 t，经济体中共有“年轻企业家”“年老企业家”“年轻工人”“年老工人”四种类型的个体。对于世代交叠的每一代，人口规模标准化为 1。

一　模型设定

（一）房地产泡沫的形成

中国的房地产市场迅猛而持久的发展态势俨然成为举世瞩目的焦点：与居民可支配收入的增长速度相比，房价已经以接近两倍的速度上涨：如 Chen 和 Wen（2017）所述，全国 35 个主要城市的平均实际住房价格在十年间增长约 17%，显著高于相应的平均收入增长率 11%以及同时期全国平均 GDP 增长水平 10%。与房价暴涨紧密相关联的另外一个现象是，大部分城市迅速增长的住房空置率，以及同时令人瞠目结舌的超高房地产资产回报率。同时并存的这些现象，使得标准的新古典模型（新古典模型中，即使假设住房供给缺乏弹性，房价增长率也不会超过总收入）不再适用。然而，如果考虑经济发展中的金融摩擦和资源错配，并结合中国经济转型进程中政策高度倾斜于高增长速率和高资本回报率的特征事实，快速扩张的房市泡沫本质上有利于提高资源配置效率，并与转型中的“储蓄—投资”动态高度相融。这一点其实在亚洲其他新兴经济体（如韩国、越南和中国台湾等）的实践经验中也得到证实。

显著的住房空置率和较高的资产收益率使得本书在模型设定中不考虑住房的消费属性。诚然，居民的房屋所有权证并不是白纸一张，住房资产天然附加生活、休息价值，为家庭带来效用。但是在当前超高的售租比现状和老百姓早已不堪重负的资产价格来说，住房的上述使用价值在效用函数中只能占据微乎其微的权重。

另外，本书中的住房资产不进入企业的实际生产过程。首先，中国的大城市中土地早已供不应求，房地产市场上的经济活动以商品房和二手房交易为主，相关研究中也不将住房作为生产要素投入生产（Iacoviello，2005；Liu and Ou，2017）。

与生产性资本不同，泡沫的出现具有偶然性，不需要生产成本，泡沫存在的唯一原因是投机交易。与金字塔系统类似，泡沫资产的交易自愿发生、自由进行。模型中的泡沫规模既不会爆炸增长，也不会萎缩衰退：一方面，泡沫的更新交替应当满足一定的频率，否则市场上的交易无法充分地进行下去；另一方面，泡沫也不会无限制地增长，否则年轻人没有能力把泡沫全部买完，泡沫市场无法完全出清。

为了使模型设定更加易于理解，本章以房地产泡沫为例，泡沫进入实体经济的方式将中国经济现实代入进 Galí（2014）对于资产泡沫的设定中：在年轻时期 t，家庭成员自然持有其住房所附带的“泡沫资产”，其价格为 $Q_{t|t} \geqslant 0$，数量为 $\delta \in [0, 1)$。严格说来，这一部分资产价值恰恰是住房的市场价值中超出基本居住价值的投机部分，因此本质上是一种没有实质生产价值的泡沫，对应于理性资产泡沫的内在属性。于是，每期新增的房地产泡沫总价值为 $U_t = \delta Q_{t|t}$。在新增泡沫上考虑不确定性，由于泡沫本质上没有内在价值，其当期规模很大程度上取决于投资者情绪，即市场对它们未来走势的期望。因此当投资者情绪变动，可以认为模型存在泡沫冲击。根据上文的模型设定：$\ln U_t = \rho_u \ln U_{t-1} + \varepsilon_t^u$，$0<\rho_u<1$ 并且 ε_t^u—$i.i.d.N(0, \sigma_u^2)$。这里，方差 σ_u^2 越大，表示存在更加剧烈的预期外泡沫波动。

在需求旺盛的房地产市场中，泡沫迅速进入交易。如果将第 $t-k$ 期（$k=0, 1, 2, \cdots$）产生的住房泡沫的当期价格和数量分别表示为 $Q_{t|t-k}$ 和 $Z_{t|t-k}$，那么，t 期时资本市场上参与交易的泡沫总价值可以表示为 $H_t = \sum_{k=0}^{\infty} Q_{t|t-k} Z_{t|t-k}$。

为避免交易市场上的活动受外在因素的影响，假定过去每期产生的泡沫资产中 δ 部分在期末破灭并离开市场，即泡沫资产的交易总数量保持恒定。这一设定可以保证房地产市场的波动仅由资产的内在价格变化和交易者对持有泡沫数量的决策所决定。于是，每一期期末留存下的 $1-\delta$ 加总成为市场上的“泡沫存量” B_t。因此，住房交易市场上的泡沫总价值由“新增泡沫”和“泡沫存量”组成：$H_t=U_t+B_t$。

（二）金融摩擦与贷款抵押约束

在信贷市场上，年轻家庭成员用手中的资产作为担保，向金融中介机构借钱 L_t 用于消费和投资，下一期年老时按照当初约定的贷款利率 R_t 连本带利归还。金融中介设定为完全竞争的商业银行，发放抵押担保贷款并将获得的收益 $M_t=L_t-R_{t-1}L_{t-1}$ 用于日常运作。需要注意的是，本书模型设定下的家庭成员不包括银行部门和金融中介机构，因此这里完全竞争的商业银行的金融盈利独立于生产部门，不计入社会总体最终产品创造的价值。

在一般情形下，如果考虑到信贷市场的供给方——金融中介部门在信贷市场上的重要作用，可以进一步深入讨论商业银行的垄断竞争程度及其各自所支配的异质性市场力量，它们如何根据经济周期或各种经济冲击提前反应，调整存贷款利率，进行金融媒介活动，传递货币政策冲击对实体经济可能造成的影响。除此之外，通过在企业和个体投资者可获得的信贷规模与银行的利润之间建立联系，银行的资本状况在很大程度上将影响微观个体的投资行为：如果银行利润萎缩，银行资金状况恶化，微观个体能够借到的贷款规模自然相应受限。相应地，如果实体经济不景气，生产部门利润下滑，商业银行的利差（存贷款之差）也将内在逆周期下降，使得银行利润受损。Gerali 等（2010）对其进行了较为详细的讨论，但是由于具体的金融中介市场活动非本书讨论的核心重点，本书模型设定下银行部门在完全竞争条件下运行，对信贷市场的分析主要集中于需求方的贷款活动。

在模型经济中，有两种类型的资产可供抵押：房地产市场上的泡沫资产 B_{t+1} 和物质资本市场上的投资分红 V_{t+1}，它们共同组成抵押资产组合。

本书借鉴 Jermann 和 Quadrini（2012）引入金融摩擦。为了确保客户按期还贷，商业银行与客户签订贷款合约以防止违约状况的发生，承诺根据贷款者提供担保的抵押品价值提供贷款，若客户未完成债务偿还，银行有权查封并变卖抵押资产。考虑不完全信息和道德风险，微观个体有可能对自己签订的贷款合约违约。正是由于金融摩擦的存在，贷款合约的执行并非完全有效。假定商业银行在发放贷款时占据主动权和完全议价能力，能够通过纳什谈判（Nash bargaining）重新议价以达到重新商定的还款等于谈判的保留值的目的。这样，信贷市场的完全运转受到了非有效执行合约的约束。当然，不涉及未来还款交易的实体经济（包括批发和零售商品的生产、劳动力的供给、物质资本和房地产泡沫的交易等）由于没有金融中介参与的借贷过程，因此，不会受到贷款抵押约束的影响。

根据上述设定，商业银行向客户出售的贷款合约完全状态依存(State Contin-gent)①，并需要客户对未来还款基于其提供的抵押资产进行可信承诺。

（三）厂商

在完全竞争的批发产品市场，年老企业家批量生产，其产品由年轻企业家所扮演的零售商采购、再加工，最终在垄断竞争的零售商品市场销售。对于没有管理技能的普通工人，他们在年轻时受雇于生产性的批发厂商，提供同质化劳动 N_t 并挣得实际工资 W_t，年老时凭借自己在房地产市场获得的投资收益和年轻时对所在的生产性企业的投资所产生的分红存活。

批发产品厂商。批发产品的生产遵循经典的 Cobb-Douglas 型生产函数：$Y_t=K_t^{\alpha}N_t^{1-\alpha}$，其中 K_t 为物质资本投入，而 α 为其要素投入份额。关于资本积累过程，下一期生产所使用的资本存量 K_{t+1} 由当期年轻个体的投资 I_t 筹集：除了在房地产市场进行交易，家庭成员

① 这意味着银行有权利但是没有义务在未来执行合约，最终是否执行取决于银行的选择。

在年轻时进行物质资本投资，并在年老时获得相应的分红。资本积累方程为：$K_{t+1}=I_t$。由于老年企业家下一期即将去世，他们在生产过程结束后将企业拥有的资本完全变卖用以补贴消费，因此模型无须考虑折旧。

为严谨起见，本部分模型中批发企业的融资过程仅通过年轻个体投资这一种方式进行，排除其他融资方式（如手中持有其他企业的股份并在股票市场上变卖、发行新股），资本的变卖仅用于消费，且发生在生产结束之后。这一设定的合理性一方面反映在考虑到股票利息的非抵税性、较高的股票发行费用、委托代理问题和信息不对称，股权融资比起债务融资成本更高。另一方面，正如 Kiyotaki 和 Moore（2005，2012）所述，每期融资到来的时间不足以让企业有足够的时间进行股权融资或变卖大量资本。

这样，批发厂商利润：

$$\max_{N_t}\left\{\frac{Y_t}{X}-W_tN_t\right\} \tag{4.1}$$

其中 X 为批发产品、零售商品之间的相对价格。

对利润函数（4.1）求一阶条件，可得年轻工人的实际工资：

$$W_t=\frac{1-\alpha}{X}\left(\frac{K_t}{N_t}\right)^{\alpha} \tag{4.2}$$

如上所述，企业根据自身的生产过程将企业所得向投资者分红，因此物质资本价值 V_t 由这一时期的全体老年人共享。最优化下企业生产的物质资本价值为：

$$\begin{aligned}V_t &=\alpha X^{-\frac{1}{\alpha}}\left(\frac{1-\alpha}{W_t}\right)^{\frac{1}{\alpha}-1}K_t\\ &\equiv\rho_{Et}K_t\end{aligned} \tag{4.3}$$

其中 ρ_{Et} 视为物质资本的净回报率。

由于不完全信息和道德风险的存在，银行知道贷款人存在隐瞒高报其抵押品价值的可能，因此保险起见对抵押贷款设定比例限制，最终只放给贷款者 η 部分的贷款，造成信贷市场上的抵押约束。在这里，本书遵循经典的 Kiyotaki-Moore 型抵押约束，设定银行在发放贷款时依据投资者上报的抵押资产的下一期期望值发放贷款。

$$L_t \leqslant \frac{\eta}{R_t} E_t \{ B_{t+1} + V_{t+1} \} \tag{4.4}$$

其中泡沫资产价值 $B_{t+1} = (1-\delta) \sum_{k=0}^{\infty} Q_{t+1|t-k} Z_{t|t-k}$ 和物质资本分红 $V_{t+1} = \rho_{Et+1} K_{t+1}$ 组成质押人抵押资产组合的总价值。该约束表明：客户能借到的贷款总额 L_t 受其未来抵押资产价值期望贴现的限制。其中 R_t 为签订贷款合约时约定的贷款利率，$\eta \in (0, 1)$ 衡量金融摩擦程度，该值越大表明放贷限制越小，信贷市场越无摩擦。

零售产品厂商。在垄断竞争的零售端市场，零售商（年轻企业家）以价格 $\frac{1}{X} = 1 - \frac{1}{\varepsilon}$ 批发采购 Y_t（其中 ε 为价格替代弹性），再加工并将原材料转化（不考虑加工成本）为差异性的最终商品 Y_t^F，在垄断竞争市场上销售，并获得超额利润 ψ_t。连续统内的零售商 $i \in [0, 1]$ 根据 Dixit-Stiglitz 型 CES（Constant Elasticity of Substitution）需求函数（Dixit and Stiglitz，1977）$Y_t(i) = \left(\frac{P_t(i)}{P_t} \right)^{-\varepsilon} Y_t^F$ 确定采购需求，其中 $P_t(i)$ 和 P_t 分别为第 t 期零售商 i 的定价水平和市场价格水平。

由于模型经济存在不确定性，并且本书讨论范畴内的货币政策非中性，模型在零售厂商的定价过程中引入名义刚性，下一期的定价需要在原材料采购需求确定之前敲定。这样，零售商 i 的利润最大化问题转化为：

$$\max_{P_t(i)} E_{t-1} \left\{ \Lambda_{t-1,t} \left[\left(\frac{P_t(i)}{P_t} \right) Y_t(i) - \frac{1}{X} Y_t(i) \right] \right\} \tag{4.5}$$

其中，$\Lambda_{t-1,t}$ 为相邻两期间的随机贴现因子①。在对称性均衡下，每个厂商根据市场价格和采购需求设定最优价格水平：

① 正如陈彦斌、周业安（2004）解释，通常意义上使用的 CRRA 型效用函数中，消费者相对风险厌恶系数与跨期替代弹性互为倒数。

$$E_{t-1}\{\Lambda_{t-1,t}Y_t(i)[P_t^{-1}-(P_t(i))^{-1}]\}=0 \tag{4.6}$$

（四）家庭

如前所述，代表性家庭世代交替。家庭成员在年轻时产生消费 $C_{1,t}$，对生产性批发企业投资 I_t，购买房地产市场上的泡沫资产 H_t-U_t 满足投机性需求，并以持有的这两类资产作抵押担保向银行借款 L_t。与此同时，年轻工人挣得工资报酬 W_tN_t，年轻企业家（即零售商）获得垄断利润 ψ_t。年老时，家庭成员获得批发企业发放的投资分红 V_{t+1}，卖出手中的泡沫存量 B_{t+1}。另外，老年企业家（批发厂商）在每期生产结束后变卖手中的资本存量 K_{t+1}。老年人消费 $C_{2,t+1}$，并按照贷款合约向银行偿还年轻时的债务 R_tL_t。

于是，世代交叠的家庭面临的预算约束最大化终身效用：

$$\max \frac{C_{1,t}^{1-\frac{1}{\theta}}-1}{1-\frac{1}{\theta}}+\beta E_t\frac{C_{2,t+1}^{1-\frac{1}{\theta}}-1}{1-\frac{1}{\theta}} \tag{4.7}$$

s. t.

$$\begin{cases}C_{1,t}+I_t+(H_t-U_t)=L_t+W_tN_t+\psi_t\\ C_{2,t+1}+R_tL_t=V_{t+1}+B_{t+1}+K_{t+1}\end{cases} \tag{4.8}$$

式（4.7）中的 β 为贴现率，θ 为消费的跨期替代弹性。上一节中提到的随机贴现因子可表示为：$\Lambda_{t-1,t}=\beta\left(\frac{C_{2,t}}{C_{1,t-1}}\right)^{-\frac{1}{\theta}}$。

根据两代人的跨期最优决策，抵押资产组合 $\{Z_{t\mid t-k},K_t\}$ 对应的一阶条件分别为：

$$Q_{t\mid t-k}=(1-\delta)E_t\left\{\Lambda_{t,t+1}Q_{t+1\mid t-k}+\eta\left(\frac{1}{R_t}-\Lambda_{t,t+1}\right)E_tQ_{t+1\mid t-k}\right\} \tag{4.9}$$

$$1=E_t\left\{\Lambda_{t,t+1}(1+\rho_{Et+1})+\eta\left(\frac{1}{R_t}-\Lambda_{t,t+1}\right)E_t\rho_{Et+1}\right\} \tag{4.10}$$

式（4.9）刻画了泡沫资产决策的欧拉方程，式（4.10）刻画了资本的欧拉方程。由于抵押约束的存在，泡沫资产价格和物质资本回报的演变过程不仅取决于边际效用变化率$\frac{u'(C_{2,t+1})}{u'(C_{1,t})}$、市场利率$R_t$，还会受到金融摩擦系数$\eta$的影响。

（五）货币当局

鉴于中国的双轨制利率格局备受争议，学界对于到底是采用利率规则还是数量规则分析中国的货币政策尚未达成一致共识。随着利率“两轨并一轨”的有效推进，仍受央行指引的商业银行存贷款基准利率与已完全市场化的货币市场利率逐渐统一。在这种情况下，本部分根据国际通行规则，不考虑货币数量冲击的影响，根据泰勒法则（Taylor Rule）设定货币政策。另外，通货膨胀率$\pi_t=\frac{P_t}{P_{t-1}}$设定为 1，也就是说，中央银行控制市场利率的同时直接控制实际利率。

这样，中央银行根据式（4.11）调节市场利率，以达到稳定产出缺口（产出系数$\varphi_y>0$），调控房地产市场（泡沫系数φ_h）的目的，并保持一定的政策惯性（利率滞后系数$0<\varphi_r<1$）。在这里，考虑到房地产市场上存在的巨大泡沫，政府要求中央银行制定货币政策时兼顾资本市场的运转，如果泡沫系数$\varphi_h>0$，意味着央行提高利率以冷却房地产市场上的交易；如果泡沫系数$\varphi_h<0$，则代表央行下调利率以缓解市场环境、平息投资者的紧张情绪。

$$\frac{R_t}{R^*}=\left(\frac{R_{t-1}}{R^*}\right)^{\varphi_r}\left(\frac{Y_t^F}{Y^{F*}}\right)^{(1-\varphi_r)\varphi_y}\left(\frac{H_t}{H^*}\right)^{(1-\varphi_r)\varphi_h}\xi_t \tag{4.11}$$

ξ_t表示货币政策的利率冲击，遵循标准的$AR(1)$过程：$\ln\xi_t=\rho_\xi\ln\xi_{t-1}+\varepsilon_t^\xi$，$0<\rho_\xi<1$且$\varepsilon_t^\xi$—$i.i.d.N(0,\sigma_\xi^2)$。

二　均衡

当模型达到一般均衡时，各经济个体（年轻人/老年人，企业家/工人）最优化自身行为，各市场出清。

国民收入核算恒等，产品市场出清：

$$C_{1,t}+C_{2,t}+I_t=M_t+Y_t^F \tag{4.12}$$

人口规模标准化为 1，劳动力市场出清：

$$N_t=1 \tag{4.13}$$

金融市场正常运转，借贷收支平衡：

$$R_tL_t=E_t(B_{t+1}+V_{t+1}) \tag{4.14}$$

资本市场出清时，现存的 k 期泡沫资产全部参与交易，其总体数量相加为常数：$\sum_{k=0}^{\infty} Z_{t|t-k} = 1$。另外，均衡路径下每期泡沫的交易数量为 $Z_{t|t-k}=\delta(1-\delta)^k$，于是均衡泡沫存量和房地产市场总泡沫的价值可分别表示为 $B_t = (1-\delta)\sum_{k=0}^{\infty}\delta(1-\delta)^kQ_{t|t-k}$ 和 $H_t = \sum_{k=0}^{\infty}\delta(1-\delta)^kQ_{t|t-k}$。对一阶条件（4.9）进行 k 期加总，可得

$$H_t=E_t\left\{\left[\Lambda_{t,t+1}+\eta\left(\frac{1}{R_t}-\Lambda_{t,t+1}\right)\right]B_{t+1}\right\} \tag{4.15}$$

可以看出，均衡路径下除了利率提高引起的泡沫资产收益率的上升会影响未来的泡沫增长速度［也就是 Galí（2014）中利率上升催生泡沫的原有途径］，金融摩擦系数 η 也会对均衡系统的动态演变产生影响。由于信贷约束的存在，泡沫增长将受到额外的“抵押品机制”的影响。下面，本章通过稳态分析进一步探索，在两种机制共同作用下利率变动对泡沫增长会产生怎样的影响。

三　对数线性化

下面将构建模型框架的核心均衡方程写成对数线性化形式，为后文的动态随机一般均衡分析做准备。

对于一些较为简单的动态规划问题，求解（或近似逼近）政策方程（Policy Function）可以通过运用状态转移方程（State Transition Equation）重复迭代达到目标。然而对于本书所应用的较为复杂的动态随机一般均衡模型系统，考虑到多个非线性方程给政策方程的求解带来的困难，运用对数线性化形式处理等式在动态一般均衡分析

中十分有用：一方面，运用对数变换的方法，方程中的乘积项被转化为线性形式，这样变换后的方程更易于处理；另一方面，本部分理论分析中最关心的关键指标是稳态的偏离程度，对数差使得估计结果在同一量纲上得以呈现，易于比较和解释。

大多数情况下，对数线性化可以通过对等式两边同取自然对数得到。有些情况下，对数线性化则需要运用泰勒公式对变量在稳态值附近近似展开。为了降低泰勒展开给运算带来的麻烦，对数线性化处理的方法本书采用 Uhlig（1995）的方法：对于模型中的内生变量（以 X_t 为例），定义 $\hat{X}_t$ 为其稳态值 X 附近的对数偏离：$\hat{X}_t=\frac{X_t-X}{X}\approx \ln X_t-\ln X$。那么，模型中的所有变量都可以近似表示为：

$$X_t=Xe^{\hat{X}_t}\approx X(1+\hat{X}_t)$$

值得注意的是，由于大多数新凯恩斯模型中的对数线性化涉及期望值，例如家庭部门的两个欧拉方程（式 4.9、式 4.10）和贷款抵押约束（式 4.4），但是期望符号并不能随意从对数函数中拿出：$\ln(E_tX_{t+1})\neq E_t(\ln X_{t+1})$。对于此类含期望的模型变量，对数线性化方法转化为：

$$E_tX_{t+1}=X(1+E_t\hat{X}_{t+1})$$

原因如下：假定 X_{t+1} 服从对数正态分布：X_{t+1}—$\ln N(m,\ s^2)$，那么 $E_tX_{t+1}=e^{m+0.5s^2}$。给定 X_{t+1} 的分布，其对数形式显然也服从：$\ln X_{t+1}$—$N(m,\ s^2)$，可以得到 $E_t(\ln X_{t+1})=m$。最终，可以得到

$$\ln(E_tX_{t+1})-E_t(\ln X_{t+1})=\ln e^{m+0.5s^2}-m=0.5s^2$$

也就是说，给定方差 s^2 是数值较小的常数，那么将期望符号从对数函数中提出所造成的影响很小并且不随时间变化。由于动态分析中主要考虑变量相较于稳态值的偏离，常数项在取对数后消失，因此期望符号的存在不会影响最终结果。

模型全部的对数线性化方程在附录二中完整展示。

四 稳态分析

（一）不考虑抵押品机制的泡沫均衡

首先，这一节给出信贷市场完全、没有金融摩擦的情形下的泡沫稳态（即 $\eta=1$）。为方便阅读，稳态分析中的变量去除时间下角标 t。

此时，式（4.15）简化为

$$B=\frac{U}{\frac{1}{R}-1} \tag{4.16}$$

式（4.16）呈现的结果与 Galí（2014）的逻辑相一致：与生产性的物质资产相反，仅为投机需求而生、不产生实际分红的泡沫资产存在稳态均衡，因此其预期投资回报率必须和市场回报率相等。在这种情况下，只要中央银行提升市场利率，泡沫的期望收益率随之上升，那么即使紧缩的货币政策以压制泡沫为政策目标，泡沫资产依然会受到投资者的热情追捧。随着泡沫市场上的交易更加繁荣，整体宏观经济中的泡沫规模最终不断扩大。因此，与一贯直觉相反，对泡沫波动的严格货币政策反应［通常表现为“逆向而行”（Leaning Against the Wind）的货币政策］可能产生适得其反的效果。而人们之所以观测到“泡沫受到压制、资产价格下跌”的现象，实际上是因为价格的基本面（Fundamental）下跌的程度超过了单纯的溢价部分，造成了“泡沫成功受到控制”的错觉。

（二）考虑抵押品机制的泡沫均衡

当贷款者无法用手中的抵押资产担保借到足额现金时，融资过程受到抵押约束的制约（$0<\eta<1$）。重新整理式（4.9）和式（4.10），均衡产出 $Y_F=Y$ 可由以下非线性方程 $F(Y)=0$ 解出：

$$F(Y)=\Lambda(Y)-\frac{\dfrac{Y^{\frac{1-\alpha}{\alpha}}}{\alpha\left(1-\dfrac{1}{\varepsilon}\right)}-\dfrac{\eta}{R}}{\dfrac{Y^{\frac{1-\alpha}{\alpha}}}{\alpha\left(1-\dfrac{1}{\varepsilon}\right)}+(1-\eta)} \tag{4.17}$$

其中 $\Lambda(Y)=\beta\left(\dfrac{(1-\eta)\alpha\left(1-\dfrac{1}{\varepsilon}\right)Y+Y^{\frac{1}{\alpha}}+(1-\eta)B(Y)}{\left[1+\left(\dfrac{\eta}{R}-1\right)\alpha\left(1-\dfrac{1}{\varepsilon}\right)\right]Y-Y^{\frac{1}{\alpha}}+\left(\dfrac{\eta}{R}-1\right)B(Y)}\right)^{-\frac{1}{\theta}}$，稳态泡沫存量总价值（应当理解为房地产市场上存在的总体泡沫规模）为：

$$B(Y)=\frac{U\left[1+(1-\eta)\alpha\left(1-\dfrac{1}{\varepsilon}\right)Y^{1-\frac{1}{\alpha}}\right]}{\eta\left(\dfrac{1}{R}-1\right)-(1-\eta)\alpha\left(1-\dfrac{1}{\varepsilon}\right)Y^{1-\frac{1}{\alpha}}} \tag{4.18}$$

将式（4.16）与式（4.18）相比较，可以发现稳态时的总体泡沫规模不仅受到实际利率 R 的促进，还与抵押约束程度 η 密切相关。然而，金融摩擦的引入使泡沫的均衡解包含内生变量 Y，无法显性地得到解析解、直观地表述为如式（4.16）的参数表达式，因此需要进一步进行比较静态分析，以继续探讨相关变量 η 和 R 对稳态泡沫规模可能造成的影响。

命题：

（i）在信贷市场存在抵押约束的情况下，如果贷款利率满足 $0<R<\dfrac{1}{1+\dfrac{1}{\alpha}\dfrac{\varepsilon}{\varepsilon-1}\dfrac{1-\eta}{\eta}}$，那么存在唯一、稳定的泡沫均衡 B^* 满足式（4.18）。此时各经济变量的稳态值 $\{Y^F, Y, C_1, C_2, I, K, \rho_E, L, B, H\}$ 均唯一确定：

$$C_1(Y)=\left[1+\left(\frac{\eta}{R}-1\right)\alpha\left(1-\frac{1}{\varepsilon}\right)\right]Y-Y^{\frac{1}{\alpha}}+\left(\frac{\eta}{R}-1\right)B(Y) \tag{4.19}$$

$$C_2(Y)=(1-\eta)\alpha\left(1-\frac{1}{\varepsilon}\right)Y+Y^{\frac{1}{\alpha}}+(1-\eta)B(Y) \tag{4.20}$$

$$\rho_E(Y)=\alpha\left(1-\frac{1}{\varepsilon}\right)Y^{1-\frac{1}{\alpha}} \tag{4.21}$$

$$L(Y)=\frac{\eta}{R}\left[\alpha\left(1-\frac{1}{\varepsilon}\right)Y+B(Y)\right] \tag{4.22}$$

$$K=Y^{\frac{1}{\alpha}} \tag{4.23}$$

$$Y^F=Y \tag{4.24}$$

（ii）利率升高 R 时，稳态泡沫存量总价值 B 随之升高。

证明（见附录三）：

命题中所包含的信息十分关键。首先，（i）说明，房地产泡沫在投资者受到抵押品约束时稳定存在的前提是市场利率低于一个门槛值（Threshold Value）$R^T=\frac{1}{1+\frac{1}{\alpha}\frac{\varepsilon}{\varepsilon-1}\frac{1-\eta}{\eta}}$（在本模型中所选取的参数设定下 $R^T=0.5147$），当稳态利率高于这个临界值时，稳态泡沫不成立。其次，（ii）说明，利率上调这一“逆向而行”的货币政策将促进房地产泡沫的扩张这一基本结论在本书添加贷款抵押约束、考虑金融市场摩擦的一般均衡模型中仍然适用，说明这一结论在模型更加贴合实际时保持稳健。事实上，贷款抵押约束式（4.4）加强了 R 对 $B(Y)$ 的扩张作用，这一点将在下面“机制分解与比较静态分析”中的数值分析对抵押品机制和原生机制的分解中详细解释。

对应到现实经济中，应当从这一看似“反直觉”的结论中得到以下启示：当中央银行观察到房地产市场存在非理性繁荣，房价呈现高于其土地取得费、配套管理费和合理范围内的交易费用之上的溢价时，货币当局应当在制定政策之前仔细斟酌，并审慎评估当前的时机和形势。如果金融市场上正在进行广泛的“去杠杆”运动，投资者的借贷能力减弱，厂商筹集资本也将受到融资约束的限制。那么通常情况下的“逆向操作”将不再适用。在这种情形下，提升利率的货币政策收紧将限制生产、减缓资本存量的形成，微观个体自发转向更有利可图的泡沫资产进行投资。雪上加霜的是，不只是微观个体投资者，企业机构也发现它们的筹资活动阻力越来越大，更加迫切地寻求外部融资方式降低其杠杆率和风险程度，因此投资无形的房地产泡沫以增加其抵押资产的数量。

综上所述，鉴于稳态利率的上升带来了产出的下降和抵押池子中生产性资本存量份额的降低，考虑“抵押品机制”后泡沫扮演了一个有效缓解资金流动性的抗衡资产角色，金融摩擦的存在大大刺激了泡沫的扩张。

（三）机制分解与比较静态分析

如前所述，考虑金融摩擦下的贷款抵押约束，使得紧缩的货币政策对泡沫扩张的促进作用程度加深。那么，这一新增的“抵押品机制”究竟在多大程度上加重了 Galí（2014）文中原有的“收益率机制”中泡沫扩张的程度呢?

为了将“抵押品机制”额外带来的稳态泡沫规模增加与原生的“收益率机制”分解，本部分在满足命题 1 的条件下对合理范围内的 R 和 η 进行取值，给出稳态泡沫存量规模对利率的一阶偏导随利率和信贷约束变动的趋势。本小节用到的参数校准值设定如下：$\beta=0.991$，$\theta=0.5$，$\alpha=0.5$，$\varepsilon=11$。整个模型涉及的其他参数估计和校准将在本章第四节中详细介绍。

图 4.1 显示了泡沫存量的稳态规模随利率上升的机制分解①。如果银行对客户给予全比例贷款［即式（4.4）中 $\eta=1$］，那么利率上升对泡沫存量的增进作用如图中砖型方块区域显示：当 R 由

① 砖型区域刻画信贷市场完全、不考虑抵押品机制的泡沫均衡下泡沫规模的利率增长率；梯形区域表示考虑金融摩擦和抵押品机制的泡沫均衡下的情形。其中，由下至上、颜色由浅至深表示 η 越小（0.9 降至 0.6），金融摩擦越大。

0.21 上升到 0.30 时，泡沫规模对利率的变化率上升了 2.04－1.60＝0.44，较为平缓。相反，若信贷市场不完全，金融摩擦使得投资者贷款和企业筹资受到限制，利率变化时泡沫规模的演变如渐变灰色曲边梯形所示。随着贷款者受到的信贷约束的加重（颜色由浅至深），泡沫规模对利率的变化率随之升高。最终，当 $\eta=0.61$ 时，$\frac{\partial B}{\partial R}$上升 13.43－2.76＝10.67，即最为陡峭的曲边梯形斜边。也就是说，除了原生的“收益率机制”导致的泡沫规模对利率变化率的上升（砖型梯形），“抵押品机制”造成了泡沫规模对利率变化率的进一步上升，并且这一机制的效果随着金融摩擦的程度加深而变得更加明显。

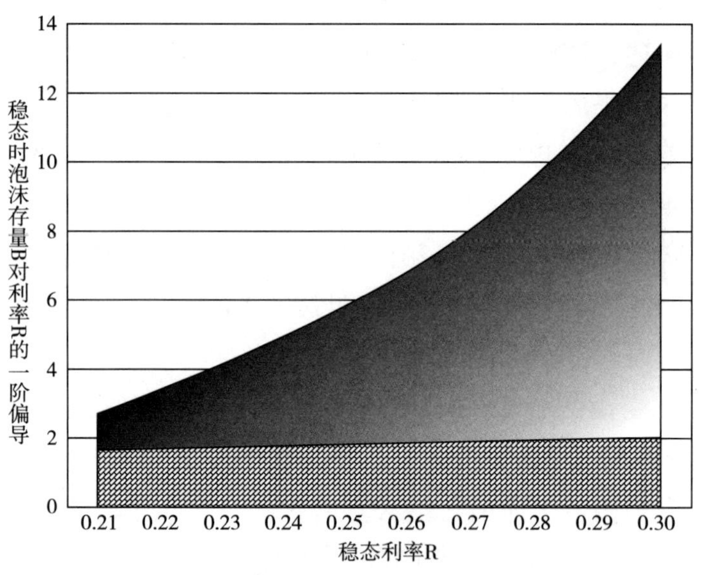

图 4.1　利率推升泡沫规模的机制分解

第四节　参数校准、数值模拟和动态分析

一　模型校准和数值模拟

至此，本章已给出包含贷款抵押约束的货币政策对资产泡沫影响的一般均衡理论框架。为了检验上文构建的模型是否符合经济实际，能否与现实数据较好地契合，本节将模型所用到的参数用符合中国经济现实和传统经济理论的数值进行校准。

（一）模型参数的估计方法

动态随机一般均衡模型中加入了异质性和金融摩擦虽然会使得模型经济更加贴合实际，但同时也加重了模型的复杂程度。在对模型参数进行估计时，宏观经济学者通常采用极大似然估计、广义矩估计、校准法或贝叶斯估计方法进行估计。

给定已知的样本观测数据，极大似然估计（Maximum Likelihood Estimate）运用似然函数反方向推得最有可能得出这些结果的模型参数。在动态模型系统中，极大似然估计要求模型首先在稳态附近线性化，变成状态空间模型的形式，进而计算似然函数。由 Hansen（1982）正式提出的广义矩估计（Generalized Method of Moments）则是在分布未知情形下通过已知样本构建矩条件，对非线性方程的估计十分有用，在模型标准误存在异方差或自相关时依然有效。

随着 RBC 模型的完善和进步，参数校准（Calibration）作为结构参数估计的通行方法被普遍采用。这一方法的本质是利用以往的经验研究使得理论模型的结构参数和实际观测样本尽量接近。步骤如下：首先根据实证经验或宏观统计数据预先设定初始参数，然后进行数值模拟，并将模拟的结果与实际经济比较。若最终得到的结果在误差范围之内，可以接受建立的理论模型符合现实经济这一结

论；反之，若数值模拟得到的仿真数据与实际相去甚远，可以认为模型的理论假设或构建中存在缺陷，需要继续思考并修改模型的构建过程。

随着机器学习的广泛流行和人工智能的快速发展，贝叶斯估计（Bayesian Estimation）在概率论与统计领域受到了广泛重视。与极大似然估计不同，待估参数在贝叶斯估计不再作为某个或某些固定的未知变量，而是服从一定分布的随机未知变量。基于模型结构和参数的先验信息确定似然函数，运用贝叶斯定理将样本信息与其相结合得到期望损失最小的最优估计，利用贝叶斯公式得到后验分布并用于统计推断，并对校准值进一步改进，使其更加精确。

虽然由于模式识别技术和电脑技术的发展贝叶斯估计更加全面地用到了所有模型信息，但是它对模型正确设定的要求非常高。对于涉及众多结构方程组和随机冲击的动态随机一般均衡系统，无法保证模型能够精确设定。另外，随着计算量的上升，贝叶斯估计对数据质量的要求也很高，中国宏观经济的数据虽然在改革开放后日渐全面而规范，但毕竟样本序列较短，准确性受到质疑。这些权衡因素使得本书最终决定使用目前通行的参数校准进行本部分模型的参数设定。

（二）参数校准

表 4.1 给出了模型涉及的所有参数取值。本书设定贴现率为 $\beta=0.991$，遵循主流的 Smet-Wouters 模型并结合中国经济现实。（Smets and Wouters，2007；康立、龚六堂，2014）。首先，相对风险厌恶系数设定为 $1/\theta=2$，意味着消费增长对实际利率变动较为敏感。批发厂商生产函数中的资本要素投入份额 $\alpha=0.5$，遵循新凯恩斯模型的经典设定和中国经济现实。设定稳态时零售商品对批发产品的价格加成 10%，即 $X=\dfrac{\varepsilon}{\varepsilon-1}=1.1$，对于信贷摩擦假设中至关重要的抵押约束参数，本书在基准模型中设定模型系统中信贷市场存在温和程度

的金融摩擦，即 $\eta=0.7$。这一参数在下面“脉冲响应动态分析”中将进行放松重新讨论。泡沫市场上，稳态水平下每期新增的房地产泡沫价值标准化为 $U_t=1$，以期与整个动态系统的维度相适应。关于中央银行设定的货币政策，稳态实际利率的期望服从前面命题的充分条件，使得泡沫均衡即使在将金融摩擦系数 $\eta=0.5$ 降低到表示“恶劣的信贷环境”的程度下依然存在，在本章第三节中取 $R\in[0.2, 0.3]$ 的范围进行比较静态分析，在本章随后的脉冲响应动态分析中取中间值 0.25。对于货币政策规则（Taylor Rule）中的政策系数：利率滞后系数 $\varphi_r=0.8$ 和产出系数 $\varphi_y=0.5$ 继续与 Smet-Wouters 模型保持一致。本书模型中的另外一个关键参数，泡沫系数 $\varphi_h=0.8$ 同样设定为基准值，下文“货币政策对于泡沫的应对”中将详细分析泡沫系数的变化对货币政策冲击造成的系统性影响。最后，两个外生冲击（利率冲击和泡沫冲击）的自相关系数分别取 $\rho_\xi=\rho_u=0.5$，标准差取 $\sigma_\xi=\sigma_u=0.01$。

表 4.1　　参数校准

参数	描述	参数值
β	贴现率	0.991
α	生产函数中资本要素的投入比例	0.5
θ	跨期替代弹性（相对风险厌恶系数的倒数）	0.5
ε	零售商的需求替代弹性	11
η	抵押约束程度（基准值）	0.7
U	每期新增泡沫的稳态价值	1
R	实际利率的稳态值取值范围	0.2—0.3
φ_r	货币政策的利率滞后系数	0.8
φ_y	货币政策的产出系数	0.5
φ_h	货币政策的泡沫系数	0.8
ρ_ξ	利率冲击的自相关系数	0.5
ρ_u	泡沫冲击的自相关系数	0.5
σ_ξ	利率冲击的标准差	0.01
σ_u	泡沫冲击的标准差	0.01

二 脉冲响应动态分析

为进一步阐释清楚第（三）小节中“收益率机制”和“抵押品机制”分解背后的深层原因，这一节将校准后的参数值代入模型系统，观察脉冲响应函数（Impulse Response Function），分析模型在受到外生冲击时所发生的动态变化，以评估贷款抵押约束下紧缩性的货币政策如何影响房地产价格泡沫以及经济中的其他变量。本节内容一方面检验了本书所构建的理论模型的实际适用效力，另一方面佐证了在欠佳的金融环境下利率的收紧无力摆脱虚假的经济繁荣这一论断。

（一）基准模型分析

图 4.2 和图 4.3 汇报了本书模型在参数取表 4.1 中的基准值时的利率冲击和泡沫冲击下所有相关经济变量的脉冲响应趋势。

利率冲击：当中央银行改变货币政策方针，向市场宣布提升 100 个基本点（即 1%）的贷款基准利率 R_t 时，信贷市场上的资产价值、微观个体的消费和投资决策、就业市场上的劳动报酬、实体商品市场上的生产状况都将受到未预期的利率冲击的动态影响。

图 4.2 第一行展示了信贷市场上的两种抵押资产价值的脉冲反应：正如上文所论证的那样，利率提升时泡沫型抵押资产的价值（无论是以市场上留存的“泡沫存量”还是以结合了新增泡沫的“总体泡沫”来度量）明显上升，物质抵押资产的价值受到负面冲击。从总体信贷规模（第五行中间）来看，利率上升确实起到了去杠杆、使信贷收缩的政策目的，然而第四行右图中抵押约束影子价格的上升表明信贷约束收紧，贷款者融资受到流动性压力的限制，支持了本书中物质抵押资产不足迫使贷款者转而持有泡沫抵押资产缓解资金需求的核心论点。

从生产角度来看，社会总产出、批发商的物质资本存量和零售商挣得的超额利润均有下降。就业市场上，普通工人的劳动报酬同

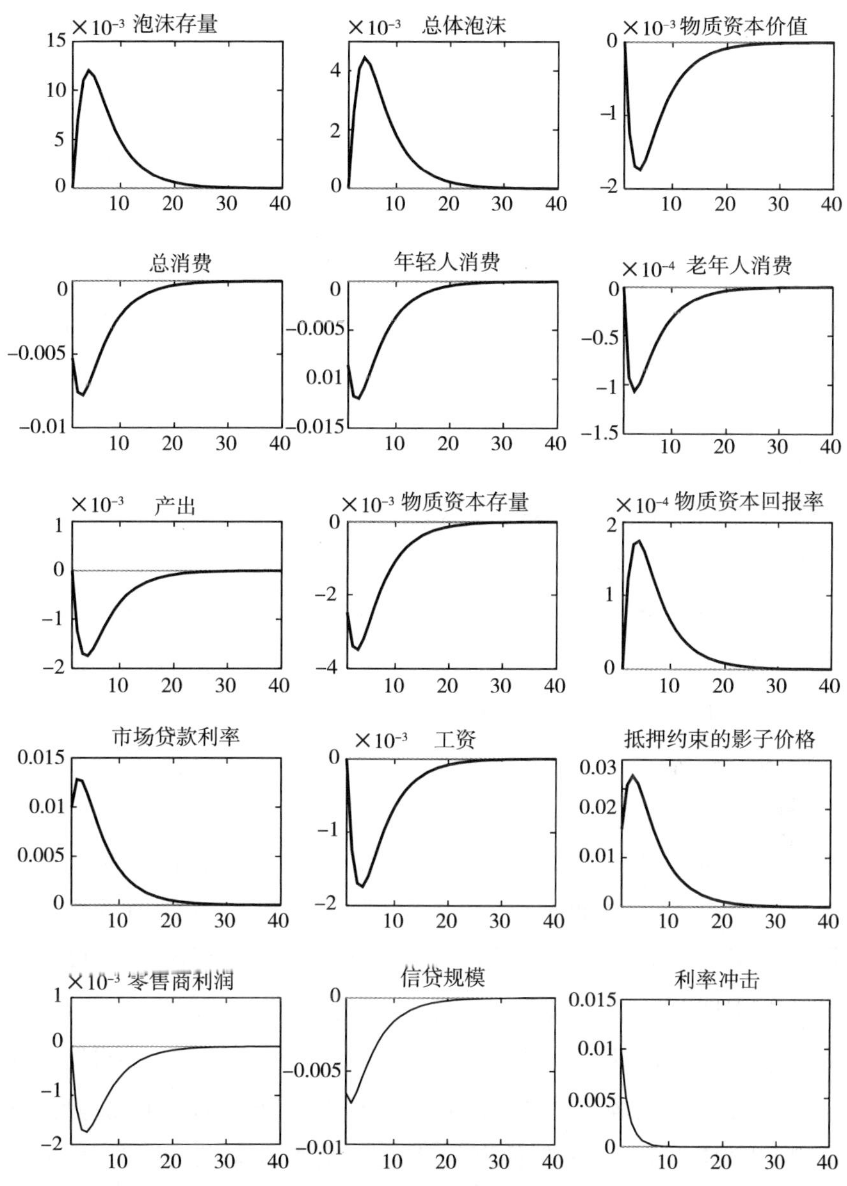

图 4.2　利率冲击下的基准脉冲响应

样受到不利冲击。从整体实体经济的动态演变来看，紧缩的货币政策对生产造成负面作用。

在消费者市场上，社会总体消费水平以及两代人（年轻人、老年人）的消费都受到了打击，其中年轻人消费下降的幅度更大，这与跨期替代弹性水平较高的模型设定有关。消费的下降有两方面原因：一方面，信贷抵押约束的收紧使得冲击后投资者凭借等量的资产却无法借到之前能够借到的那么多资金，消费决策必然受到资金压力的制约；另一方面，生产消极所导致的产量萎缩、企业家利润下滑和工人工资下降同样影响到了消费者预算约束的收入端，抑制消费。

总体看来，以利率上升所代表的紧缩性货币政策达到了去杠杆的目的，然而却抑制了生产、消费和物质资本的积累。遗憾的是，它并没有达到抑制泡沫扩张的目的。

泡沫冲击：除了利率冲击之外，当非理性的噪音交易者对市场前景盲目乐观，资本市场出现无法预测的新增泡沫资产价值上升时，房地产市场的泡沫冲击对信贷市场、劳动力市场、消费者跨期最优决策、产品市场也将产生系统性影响。

如图 4.3 所示，正向的泡沫冲击下，容易理解信贷市场上的两种泡沫资产规模都受到了明显的刺激，其中泡沫存量受到的冲击比总体泡沫滞后一期。与泡沫存量的演变方式对称互补的是，物质抵押资产价值受到明显抑制。同泡沫存量和物质资本价值的演变趋势相同，老年人消费、产出、物质资本回报率、工资和零售商超额利润均呈现相似的负面冲击。产生这一现象的根源在于第三行右图中显示的抵押约束的影子价格，逻辑机制如下：当市场当期新增泡沫价值增加时，投资者贷款抵押约束的影子价格下降，即信贷约束放松，微观个体拥有更多的泡沫资产可供缓解流动性需求，信贷规模扩张。由于新增泡沫和贷款规模都出现在年轻消费者的收入端，因此年轻人消费水平提高。在生产方面，泡沫冲击作为投资前景看涨、泡沫资产回报率高的明显信号将吸收大量资金进入房地产市场，导致物质资本存量积累的不足（值得注意的是，除了以新增泡沫作为重要组成部分的总体泡沫之外，物质资本存量是唯一一个在第 0 期就发生即刻下降的变量）、物质资本价值的回落、产出和工资下降、零售商利润降低。由于老年人以批发厂商利润和资本存量为主要收入来源，其消费受到不利冲击。

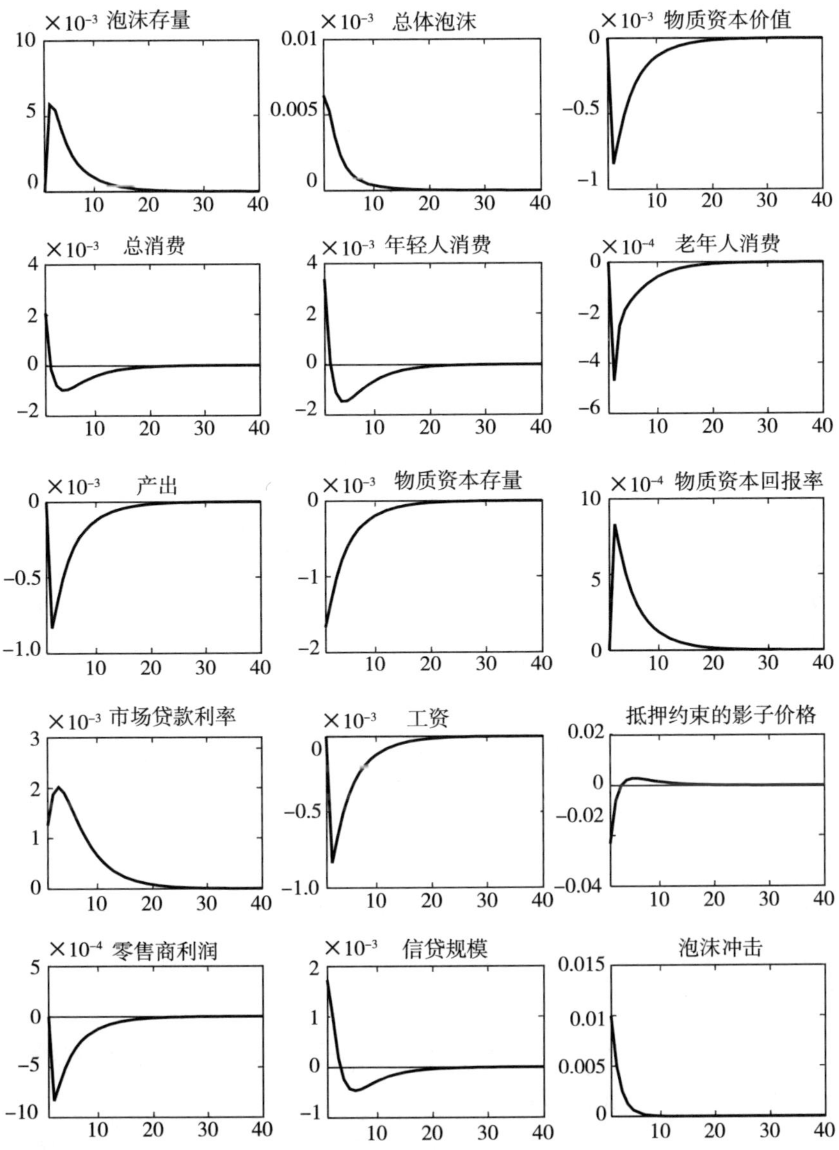

图 4.3 泡沫冲击下的基准脉冲响应

冲击发生之后不久，较低的资本存量推升物质资本回报率的升高，促使资本积累的回升和生产的恢复。因此，物质资本价值、工人工资、零售商利润、老年人消费均有所好转，最终将经济推向新的均衡。

总之，资本市场上非理性投资者所产生的干扰虽然会导致资产价格出现超出其基本价值的溢价，并煽动市场上其他投资者的情绪，由此带来实体生产的疲软和较高的杠杆程度，但是当紧缩利率政策结束，投资者情绪稳定后，流动性约束缓解后释放的资金也会逐渐分散到实体经济中，最终经济走向复苏。当然，这一切发生的前提仍然是模型假定的泡沫冲击仍然是相对于其原有规模的1%的扩张，若是较为严重的恶性泡沫扩张，经济复苏可能并没有图 4.3 中所展现的那样容易。

（二）货币政策对于泡沫的应对

这一小节讨论当信贷市场存在抵押约束时，中央银行采取不同的货币政策应对市场中的泡沫，会对经济产生怎样的冲击。在这里，本节放松第一节中设定为基准值的泰勒法则的泡沫系数 φ_h，分别取 $\varphi_h=0.8/0/-0.8$ 代表“紧缩的”“中性的”“宽松的”利率泡沫政策，探究“加息以给楼市降温”“对泡沫持观望态度”“下调利率缓解市场流动性压力”这三种方针分别会产生怎样的效果。

如图 4.4 所示，三种泡沫应对措施产生相应的脉冲响应趋势，本小节提取上一小节中的代表性变量，其余变量皆能找到与它们对应的相似演变趋势。

首先，可以看出三种泡沫应对措施下脉冲响应图的大趋势保持一致，暗示上一小节基准模型的稳健性。利率上调这一冲击增加了融资成本，抑制了信贷和投资，并引起了随之而来的生产力下滑和资本积累放缓，最终导致了整体社会消费下降、工资下滑、零售商利润和物质资本价值的倒退。

首先，仔细观察图 4.4 中实线、虚线和点划线的差异，可以发现点划线所描绘的脉冲图受到的消极冲击程度最深；其次是实线所汇报的脉冲图；最后，虚线表示的动态反应最为温和。的确，货币收缩引发了最为剧烈的经济波动，中央银行本期望以经济消极为代价的紧缩性货币政策能够起到抑制泡沫扩张的效果，但是令人十分失望的是，它反而造成了更加严重的泡沫波动。

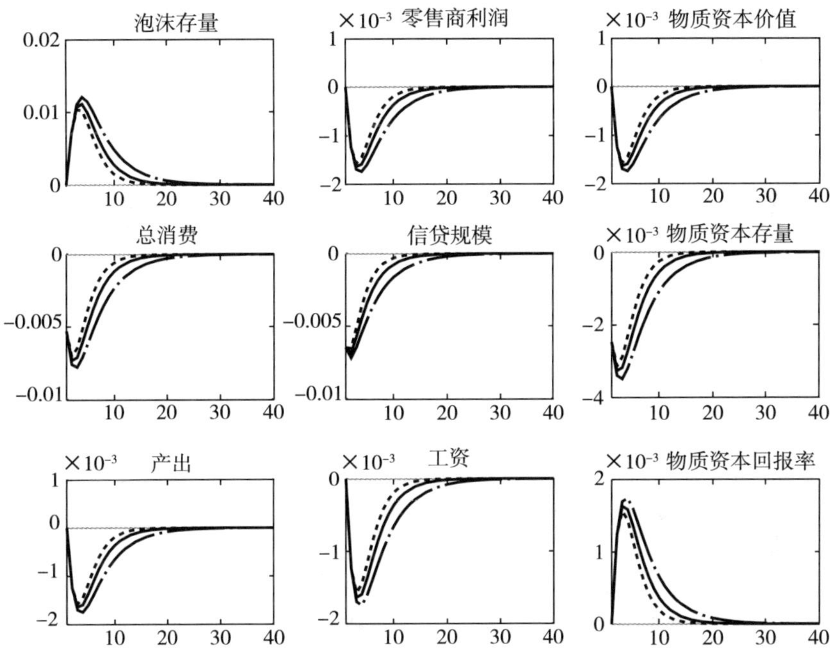

图 4.4　不同货币政策主张下的利率冲击脉冲响应

注：实线：货币政策对泡沫中性（$\varphi_h = 0$）；点划线：货币当局提高利率应对泡沫扩张（$\varphi_h = 0.8$）；虚线：货币当局降低利率缓解流动性紧张（$\varphi_h = -0.8$）。

（三）抵押约束的程度

本小节将货币政策的泡沫指数 φ_h 重新固定到基准水平 0.8，变动信贷市场上的抵押约束程度，以分析金融市场摩擦加剧（η 降低）时利率冲击对模型经济的动态影响。

图 4.5 中，虚线与实线的动态演变方向保持一致，暗示基准模型继续保持稳健。仔细观察，实线与虚线之间的区别体现了金融加

速器机制的作用。正如本章第三节中的比较静态分析所阐述的，抵押约束的加深放大了利率提升对泡沫扩张的促进作用和经济生产受到的不利冲击，因此信贷市场上的泡沫存量、产品市场上的零售商利润、物质资本价值、资本存量、资本回报率、劳动力市场上的工资、宏观产出水平受到的消极影响都在虚线描绘的脉冲图上体现了进一步的放大。然而，上述趋势在两个关键变量上呈现相反结果：与其他变量相反，社会总消费水平和信贷规模，在 η 降低时反而受到更为温和的负面冲击。那么，他们是如何在金融加速器机制的作用下逃脱了利率上升带来的进一步下降趋势呢？其实，解决这一疑惑的关键还是在于金融加速器机制自身。由于信贷条件恶化，市场上的债务水平首当其冲受到打击。虽然 η 的下降将货币市场上的一个微小冲击放大成为整体宏观经济的巨大海啸，抵押约束非常有效

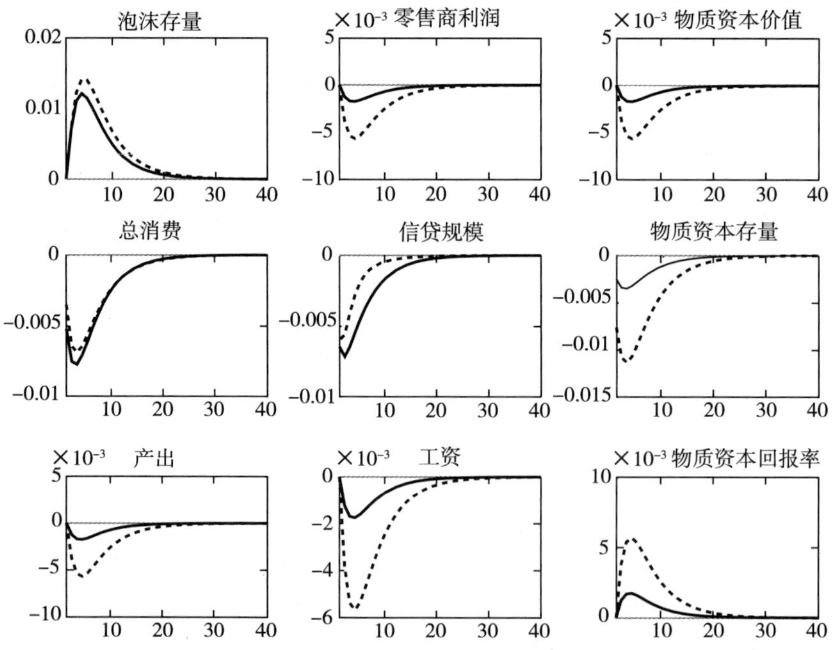

图 4.5　不同抵押约束程度下的利率冲击脉冲响应

注：实线：温和的抵押约束（η=0.7），虚线：严重的抵押约束（η=0.5）。

地遏制了市场上的资金流向，间接减缓了生产力衰退时传导而来的负面冲击，因此信贷规模虽然也有所下降，但却不至于波动巨大。考虑到消费决策中抵押约束系数 η 所占的重要权重①，同样的逻辑适用于短期消费不那么剧烈的脉冲反应路径。

可以看出，抵押约束的收紧对实体经济的生产方面造成了明显的金融加速器作用，但同时在另一个侧面，它确实限制了房地产市场的波动。这使得金融监管机构在资本市场的稳定和实体经济的稳定这两个政策目标之间面临取舍问题。

① 在附录一的家庭最优化一阶条件能够反映。

第五章

结　语

第一节　总结与思考

本书深入考察中国金融市场所面临的关键挑战，探究为什么紧缩的利率政策与严格的资本管控这两项本应配合默契的政策措施没能解决房地产市场的价格泡沫和庞大的社会信贷规模的深层原因，并提出有针对性的政策建议以指引金融市场的稳定健康发展。房地产市场上的过度建设和投资项目的过度扩张导致中国迅速积聚了难以为继的信贷规模，并产生矛盾重重的复杂局面。房价不断飙升的同时伴随着大量住房库存闲置；农村人口大量非自愿迁移到城市的同时，城镇家庭债务却快速膨胀；在宏观层面上，政府债务已经上升到难以置信的规模，伴随着金融市场潜藏的大量漏洞与风险。本书对于当前正处在逐步升级的贸易战争的巨大压力下的中国经济以及存在类似问题的其他发展中国家来说具有十分重要的现实意义。

现将本书各章的研究结论归纳总结如下：本书就主要研究对象进行翔实的理论阐述，明确房地产价格泡沫及其生成机制，总结中央银行应对资产泡沫所进行的货币政策操作，介绍金融摩擦的存在以及由此衍生的贷款抵押约束对信贷市场产生的影响，以及在加入抵押约束后货币政策对房地产价格泡沫的传导机制会发生怎样的变化。

为了检验理论模型的估计结果是否符合中国经济现实，本书构建状态空间模型对中国房地产价格泡沫进行测度，并分别运用常系数向量自回归模型和时变系数向量自回归模型就中国货币政策对房地产价格泡沫的影响进行实证分析。为了更加直观地展示严格的金融监管下利率调控和持续增长的泡沫规模之间的矛盾，本书将一般均衡理论模型中构建的“泡沫抵押资产”和“物质抵押资产”用最新的中国数据具体表示，以突出抵押资产组合的鲜明特征。从过去20年间的中国季度宏观数据可以看出，抵押性泡沫资产展现出明显的极高波动性和逆周期性。除此以外，常系数VAR模型显示，当金融市场受到正向的利率冲击时，物质抵押资产呈现显著的直接现象，持续期较短；相反，抵押资产池子中的另一方——泡沫资产得到一个温和却持久的升值。这一实证结果为本书的核心论点——“严格的利率管制抑制生产力并同时鼓励房价泡沫的成长”提供依据，也从经验研究方面支持了本书理论模型构建的合理性。随后，考虑到房价泡沫的易变性，为了增加实证模型对于不稳定的经济变量的长期关系的解释力度，本书进一步将参数矩阵放松，使其不再是一个固定的常数矩阵，而是随时间变化的变量，对信贷约束下中国货币政策变动对房价泡沫的冲击进行了更加精确的度量。

机制分析中，本书主要涉及两类理论：关于“动态随机一般均衡理论”，本书分理论发展、模型架构和模型分析范式三个方面详细阐述DSGE的理论基础。从其本源——理性预期理论和RBC模型到现代主流宏观经济学所使用的新凯恩斯DSGE模型框架进行系统性的梳理。就“信贷配给理论和贷款抵押约束”，本书仔细分析了信贷配给理论的微观机制、金融摩擦的存在，以及其重要代表形式——贷款抵押约束如何影响并刺激泡沫需求的扩张，为将信贷市场上的融资条件限制纳入一般均衡模型中分析考虑做铺垫。

为了探究当金融市场环境不完善，存在有限承诺和流动性不足时，融资压力和紧缩的货币政策调控会带来怎样的后果，本书将信贷市场上的抵押资产分为两类：一类为生产性企业用作分红的企业价值，即“物质抵押资产”；另一类为房地产市场上仅为投资性目的而存在、没有实际生产性作用的房价泡沫，即“泡沫抵押资产”。当这两种资产进入投资者可用以担保的抵押资产组合中并受到信贷市场上的融资约束限制时，货币政策对房地产价格泡沫的内在传导机制将在原有的“收益率机制”的基础上增加一条新的途径：抵押品机制。在抵押约束的作用下，贷款企业无法凭借手中的抵押资产借到足额的资金以满足其流动性需求，这使得他们有较强的激励通过表外融资的方式筹集资金。更糟糕的是，强有力的去杠杆行动迫使商业银行面临更高的资本充足率要求和存贷款比率，金融约束程度加深，贷款企业处境更加艰难，不得不寄希望于持有更多的交易性泡沫资产缓解流动性危机。在本书的模型设定下，命题 1 首先证明泡沫均衡的存在性和唯一性，表明理性房地产价格泡沫在合理的利率水平下能够稳定存在。此外，本书能够证明，当市场利率上升时，稳态泡沫规模随之扩张。

“参数校准、数值模拟和动态分析”将一般均衡理论模型中涉及的相关参数用主流宏观经济学公认的研究结果和中国特征事实所提供的依据进行校准，得到数值结果，进一步阐释了两种抵押资产的相互作用以及模型动态暗示的内在机制。根据比较静态分析结果，发现不管是货币政策调控的收紧（R 上升）还是信贷条件的恶化（η 下降）都对泡沫扩张和经济增长放缓起到推波助澜的作用。当紧缩性的政策举措引起物质资本存量坍缩时，具备抵押功能的泡沫资产替代性地上升，弥补投资者抵押资产组合中的亏空和不足。在脉冲响应动态分析中，脉冲响应趋势表明突然的利率冲击确实带来了泡沫更加剧烈的波动。除此以外，融资约束的加深起到了重要的金融加速器作用，将上述扩张效应放大到更高的维度。

第二节　政策建议

在本书研究结论的基础上，下面对中国的金融市场监管和货币政策制定提出一些建议。

第一，考虑到金融市场上不可忽视的信贷摩擦，"严格的货币政策管控"和"积极的去杠杆运动"这两个看似相得益彰的政策设计组合起来实际上并不合意，非常容易导致泡沫规模的扩张和泡沫波动的加剧。强制或激进的去杠杆进程有诸多弊端：且不说社会总体杠杆率的强制下调给经济增长带来的不利影响，一味"去杠杆"抹去的多是那些融资渠道有限、对市场乐观看好、努力程度和生产效率较高的投资者，留下的大概率是保守的且生产潜能有限的低效企业。更严重的是，对于信贷抵押市场不够健全的当前中国经济，家庭债务大量落在住房按揭贷款头上，地方政府的债务也指望着获得更高的土地价格得以减轻压力。而大幅度的去杠杆却引发抵押品价值的大量缩水，加重了脆弱的家庭债务，也抽掉了地方债的最后一根救命稻草，金融市场的稳定岌岌可危。

中国当前房地产市场上蕴藏的巨大泡沫仍未被刺破并导致颠覆性后果的最大原因，在于国家为了维持经济发展和地方政府为了保护主要的财政收入来源动用巨大的政府公信力进行担保和巨大的财政刺激进行支持。若是没有政府扶持，或早或迟，沉重的房价泡沫和高位的家庭债务将触发严重的经济危机。忧患意识是不可或缺的，久居高位的天价房产必然不可持续，幸运并不是人们保持盲目乐观的借口，房地产泡沫也不能一味简单地凭借"加息"+"去杠杆"得以解决。

第二，进一步看来，假设信贷市场的抵押约束被缓解或释放（如果信息披露更加透明，或是贷款审批程序更加规范导致贷款者普遍具备更低的违约概率），中央银行应当根据履行职责的需要灵活运用手中的利率工具。上述推测可引申出一个更加意义深远的论断：给定金融监管机构对于贷款抵押约束的松紧程度 η 的决策需要在房地产市场的稳定和实体商品市场的稳定中做出取舍，可能将社会生产（实体经济的稳定）放在更加优先的位置更加可取（在假定其他条件不变的情况下）。至少，在最低限度上，上述决策能够为货币当局留下更多的政策空间，更加有效地利用其手中的多种政策工具。

此外，若是将政策启示的讨论范畴局限于"房地产泡沫"这一资产价格泡沫的最具代表性并且最关乎老百姓安居乐业的重要子集，政策制定者或许应当就其内在属性深思熟虑。鉴于内生的农用价值、土地住宅建筑的当前市场价格和以未来销售为目的而存在的附加价值这三者密不可分，广泛使用的收入评估方法（income appraisal method）不再适用（Segura-García Del Río et al.，2012）。因为从现值公式中推导得出的资产价格基本面对于房地产这种特殊属性的资产不再准确，事实上，包括交易成本、房屋购买者的风险偏好、市场预期等多方面因素都将对房价的形成产生复合效应。从当前局势来看，房地产行业已经是国家经济发展的支柱，也是地方政府筹集财政收入的重要途径。政府在面对楼市上可控范围内看似无法解释的价格溢价时最好不要过度反应，而是应当以市场和投资者情绪的稳定为优先。

第三，从信贷传导机制的角度看，如果有效的宏观审慎监管政策能够阻止泡沫和信贷供给之间正向反馈循环的形成，那么货币政策有望克服金融加速器的障碍与壁垒，恢复利率工具的有效性。美国次贷危机后，由广泛性的市场失灵和应对危机的非常规量化宽松政策导致的信贷激增不断强化投机性泡沫的正向反馈，扩大了金融市场的系统性风险。中央银行是应当牢牢盯住房地产价格泡沫以防范其可能带来的金融和经济风险，还是应当谨慎行事，保守地只关心那些货币政策的传统目标（稳定物价和产出水平），需要政策制定者通盘考虑。首先，盯住资产价格的前提是正确识别资产价格中的泡沫部分，即准确估计潜藏在价格中的基础价值大小。如果这一前提都无法保证，那么最好还是应当对人们无法看清的泡沫成分“善意忽视”，一切照常地盯住货币政策的原有目标。当有充分把握确定泡沫的状态与规模时，接下来，是否将货币政策规则直接盯住泡沫，还应当放眼长远，考虑未来的货币政策能否弥补泡沫崩塌带来的重大宏观经济震荡。考虑到金融监管机构手中政策工具组合的多样化与自由度，以及它们所处的后方站位（比起一直在前线作战的货币当局来说），寄望于它们来切断泡沫和信贷之间并不稳定的关系、释放利率政策的强大力量在政策上是可行且合意的。

在信用银行体系蓬勃发展的当下，金融产品的多元化和现代银行体系的发达推动金融创新和经济增长，但给中央银行和监管部门带来更加复杂的难题，给前瞻性货币政策的科学预测和正确决策带来更大挑战。从各国房价泡沫的历史经验来看，强势收紧的货币政策通常是泡沫破裂的最后一根救命稻草。无论是利率的调升还是信贷的缩紧，都应当审时度势、渐进而为。房价的急剧下跌给消费者信心带来的严重打击，危及社会安定和经济发展。在泡沫的崩塌仅仅通过居民财富、资本成本、资产负债表等常规渠道对社会总供求产生影响时，中央银行确实可以考虑持观望态度，因为常规渠道下从泡沫崩塌到造成实体经济的负面影响之间一般存在着货币政策足够反应的时滞。然而，确实有一些时候，房价的波动将会带来货币政策无法挽回的灾难性经济海啸，如全球范围内的金融危机和信贷紧缩。诸如此类的金融动荡蔓延到经济各层面的速度远非常规性的利率政策可以追赶。在这种情况下，对泡沫直接反应的货币政策应当启动。另外，若是泡沫引起根源性的资源错配，扭曲部门间总体供求水平，损害长期经济增长绩效，那么全局性的货币政策工具很难解决深层次的结构失调。这样的结构型泡沫即使发展速度并不惊人，产生的后果却往往使得货币政策束手无策。针对资产价格明显反映出单个部门存在过度投资、资源分配不合理的现象，货币政策应当在事先引起重视，提前对此类泡沫进行反应。如果收效不佳，及时启动宏观审慎政策的重点配合调控。在决定盯住房价泡沫之前，中央银行应当谨慎评估货币政策是否是调控泡沫的最好选择。最为理想的情况下，中央银行准确识别泡沫，运用适当的利率调节控制泡沫成长，并大大降低未来经济危机的风险。但同时，政策制定者也应当权衡这一政策带来的宏观经济目标的短期偏离和潜在道德风险问题。若是机会成本过于高昂，在货币政策无力在保证流动性的同时控制风险承担时，更好的选择可能是采取迂回策略加强杠杆率上限等针对性更强的宏观审慎政策，辅助全局性的货币政策更加有效的实施。

另外，基于房地产市场在中国经济增长和宏观经济稳定中扮演的重要角色，中央政府在制定公共政策时应当将微观家庭的个体需求和房地产开发商的经营策略纳入更加谨慎全面的考虑框架当中。具体说就是：地方政府应当着重关注城市人口结构的变化趋势（例如人口结构变化、劳动力迁移和流动）。宏观层面上看来，人口结构决定了房价的长期需求。推动长三角、珠三角等发达城市房价上涨的真实力量来自城镇的常住人口，而不是本地区的实际户籍人口。考虑到城镇化的具体进程，购房户籍限制对于发达沿海城市、各地区中心城市和三四线中小城市的购房者的实际决策影响大有不同。针对人口常年净流入的一线发达城市，户籍制度、社保、公积金等其他限制性因素对实际常住人口都将产生较大约束，而较不发达的偏远城市即使放开户籍制度也不会引起房地产市场较为激烈的供求关系变动。对于那些具有良好发展潜力的地区中心城市，政府则应当给予重点关注：这些地区的活动人口对于房地产政策最为敏感，供需关系最易受到政策的调控。针对不利于房地产市场平稳健康发展、容易滋生大量不稳定的房价泡沫的投机性购房需求，政府在制定公共政策时应当予以严厉控制。这些需求由于伴随明显偏高的住房空置率和自住率低等特征，在实际流转过程中易于识别。如果在房地产市场上有针对性地增加住宅空置税比重、降低不动产税，将会更加有效地打击住房投机性需求，保障自住型购房者的基本需求。

总的说来，以利率为基准的常规性货币政策频频失效很大程度上源于货币规则本身对信贷市场上的杠杆率没有被纳入考虑。因此，在货币政策的具体实施中，中央银行应以“前瞻性指引”（Forward Guidance）等非常规性货币政策为重点，考虑到中小企业融资难的困境，可跳过商业银行直接购买发展潜力高的中小企业债券，如直接购买 ETF（Exchange-Traded Fund）就是一个可行的范例。对于政府来说，应充分利用强大的公信力稳定市场预期，通过向社会做出坚定承诺来消除公众的不确定性，维护抵押担保资产的价格稳定。运用必要的债务减免措施，鼓励经济体恢复正常的融资功能。

第三节　未来展望

从长远来看，房地产市场的健康可持续发展对于提升人民生活质量，让老百姓安居乐业，并最终达到和谐稳定的社会至关重要。而有关房地产价格泡沫所带来的各种次生问题方面的研究自从次贷危机爆发后也在世界各地杰出的经济学家的不断努力下持续推进，本书仅仅是这一前进过程中从抵押品传导机制角度研究的小小进展，对于可能合意的政策措施提供新的看法和主张，仍然存在诸多不足。

首先，对于引言中所综述的相关理论分析，主要针对理性泡沫范畴内的房地产价格泡沫及其生成机制进行讨论，着重分析货币政策对其的应对之策，以及以贷款抵押约束为代表的金融摩擦在货币政策对房价泡沫的传导机制中所扮演的角色进行深入探究，对于货币政策的制定与实施具有一定的启示作用。然而，对于 Kindleberger 和 Aliber（2011）、Minsky（2016）所描述的非理性泡沫①，本书并没有进行非常深入的讨论。原因在于，就次贷危机中对市场回报的盲目高估以及投资者狂热的“非理性乐观”（irrational exuberance），本书所使用的基于理性预期的一般均衡理论并不适用，无法完美复

① 可参考 Meltzer（2002）对非理性类型的泡沫的总结与介绍。

制其预期形成规律。在未来的研究中，如果能从更为微观的行为经济学或实验经济学的角度出发，着重分析交易个体的心理要素和外部市场环境之间的相互作用，将是对此类非理性发展的资产泡沫研究进行有价值的补充。

其次，本书模型在引入市场不完全性和金融摩擦时从贷款抵押约束的角度进行切入。事实上，在货币政策对资产价格泡沫（尤其是房地产泡沫）的传导机制中，不仅“抵押品机制”可以作为额外渠道起到金融加速器的作用，如果进一步考虑近年来中国伴随着人口红利的消失出现变得更加严重的人口老龄化问题，年轻人和老年人的消费结构、对利率冲击的反应敏感性以及受流动性约束限制的程度都存在非常值得探究的异质性。这些异质性可能对货币政策冲击带来如 Wong（2018）所述的“信贷调节机制”和“再融资机制”，对于当前中国区域发展不平衡、贫富差距大等社会现象具有重要现实意义，希望在以后中国货币政策的问题研究中深入讨论。

另外，本书的实证分析，为进一步追求更高的精确度和尽量贴近经济现实引入时变向量自回归模型，不得不放弃月度变量所缺失的“物质抵押资产”这一数据。这一点希望能在以后的研究中进行更加完善的补充。

附　　录

附录一　最优化、均衡方程与市场出清

一　家庭

每一微观个体选择 $C_{1,t}$，$C_{2,t+1}$，$Z_{t|t-k}$，K_t，L_t 最大化其一生（年轻期、年老期）的总体效用：

$$L^h = \frac{C_{1,t}^{1-\frac{1}{\theta}}-1}{1-\frac{1}{\theta}} + \beta E_t \frac{C_{2,t+1}^{1-\frac{1}{\theta}}-1}{1-\frac{1}{\theta}}$$

$$+\lambda_t^{C_1}\left[L_t+W_tN_t+\psi_t-C_{1,t}-I_t-(H_t-U_t)\right]$$

$$+\lambda_{t+1}^{C_2}(V_{t+1}+B_{t+1}+K_{t+1}-C_{2,t+1}-R_tL_t)$$

$$+\lambda_t^{Collateral}\left[\eta E_t(B_{t+1}+V_{t+1})-R_tL_t\right] \tag{1}$$

其中 $\lambda_t^{C^1}$、$\lambda_{t+1}^{C_2}$ 和 $\lambda_t^{Collateral}$ 分别为年轻人预算约束、老年人预算约束和信贷抵押约束的影子价格。

最优化的一阶条件为：

$$\lambda_t^{C_1} = C_{1,t}^{-\frac{1}{\theta}} \tag{2}$$

$$\lambda_{t+1}^{C_2} = \beta C_{2,t+1}^{1-\frac{1}{\theta}} \tag{3}$$

$$\lambda_t^{C_1}=\frac{1}{Q_t}(\lambda_{t+1}^{C_2}B_{t+1}+\eta\lambda_t^{Collateral}E_tB_{t+1}) \tag{4}$$

$$\lambda_t^{C_1}=(\lambda_{t+1}^{C_2}+\lambda_t^{Collateral})R_t \tag{5}$$

$$\lambda_t^{C_1}=\lambda_{t+1}^{C_2}(1+\rho_{Et+1})+\eta\lambda_t^{Collateral}E_t\rho_{Et+1} \tag{6}$$

二　厂商

批发厂商选择雇用的劳动力 N_t 最大化企业利润：

$$L^{e_1}=\frac{Y_t}{X}-W_tN_t+\lambda_t^Y(K_t^{\alpha}N_t^{1-\alpha}-Y_t) \tag{7}$$

其中 λ_t^Y 为资源约束的影子价格。

最优化的一阶条件为：

$$W_t=\frac{1-\alpha}{X}\left(\frac{K_t}{N_t}\right)^{\alpha} \tag{8}$$

零售商提前一期定价 $P_t(i)$ 最大化企业利润：

$$L^{e2}=E_{t-1}\left\{\Lambda_{t-1,t}\left[\left(\frac{P_t(i)}{P_t}\right)Y_t(i)-\frac{1}{X}Y_t(i)\right]\right\}+\lambda_t^{CES}\left(\left(\frac{P_t(i)}{P_t}\right)^{-\varepsilon}Y_t^F-Y_t(i)\right) \tag{9}$$

其中 λ_t^{CES} 为 CES 需求函数的影子价格。

最优化的一阶条件为：

$$P_t^*(i)=\frac{E_{t-1}\{\Lambda_{t-1,t}Y_t(i)P_t^{\varepsilon-1}\}}{E_{t-1}\{\Lambda_{t-1,t}Y_t(i)P_t^{\varepsilon-2}\}} \tag{10}$$

三　货币当局

中央银行制定货币政策所根据的泰勒法则如第（五）小节所描述的：

$$\frac{R_t}{R^*}=\left(\frac{R_{t-1}}{R^*}\right)^{\varphi_r}\left(\frac{Y_t^F}{Y^{F*}}\right)^{(1-\varphi_r)\varphi_y}\left(\frac{H_t}{H^*}\right)^{(1-\varphi_r)\varphi_h}\xi_t \tag{11}$$

四　市场出清

产品市场出清：

$$C_{1,t}+C_{2,t}+I_t=M_t+Y_t^F \quad (12)$$

房地产市场出清：

$$H_t=B_t+U_t \quad (13)$$

信贷市场出清：

$$M_t=L_t-R_{t-1}L_{t-1} \quad (14)$$

劳动力市场出清：

$$N_t=1 \quad (15)$$

附录二　模型完整的对数线性化

家庭预算约束：

$$C_1\hat{C}_{1,t}+K\hat{K}_{t+1}+B\hat{B}_t=L\hat{L}_t+W\hat{W}_t+\psi\hat{\psi}_t \quad (16)$$

$$C_2\hat{C}_{2,t+1}+RL(\hat{R}_t+\hat{L}_t)=V\hat{V}_{t+1}+B\hat{B}_{t+1}+K\hat{K}_{t+1} \quad (17)$$

贷款抵押约束：

$$RL(\hat{R}_t+\hat{L}_t)=\eta(B\hat{B}_{t+1}+V\hat{V}_{t+1}) \quad (18)$$

家庭效用最大化的一阶条件：

$$\frac{1}{R}\frac{\hat{C}_{1,t}}{\theta}-\Lambda\frac{E_t\hat{C}_{2,t+1}}{\theta}=-\frac{\hat{R}_t}{R}-\left(\frac{1}{R}-\Lambda\right)\hat{\lambda}_t^{Collateral} \quad (19)$$

$$\left(1+\frac{U}{B}\right)\frac{\hat{C}_{1,t}}{\theta}-\Lambda\frac{E_t\hat{C}_{2,t+1}}{\theta}=\frac{B}{U}\hat{B}_t-\Lambda\hat{B}_{t+1}-\eta\left(\frac{1}{R}-\Lambda\right)(E_t\hat{B}_{t+1}+\hat{\lambda}_t^{Collateral})$$
$$+[(\rho_u-1)\ln\hat{U}_t+\varepsilon_t^u] \quad (20)$$

$$\frac{1}{\rho_E}\frac{\hat{C}_{1,t}}{\theta}-\left(1+\frac{1}{\rho_E}\right)\Lambda\frac{E_t\hat{C}_{2,t+1}}{\theta}=-\Lambda\hat{\rho}_{Et+1}-\eta\left(\frac{1}{R}-\Lambda\right)(E_t\hat{\rho}_{Et+1}+\hat{\lambda}_t^{Collateral})$$
$$(21)$$

厂商一阶条件：

$$W\hat{W}_t = Y\hat{Y}_t \tag{22}$$

批发厂商的生产函数：

$$\hat{Y}_t = \alpha \hat{K}_t \tag{23}$$

批发厂商的资本要素回报率：

$$\hat{\rho}_{E_t} = (\alpha - 1)\hat{K}_t \tag{24}$$

零售商的超额利润：

$$\hat{\psi}_t = \hat{Y}_t \tag{25}$$

泰勒法则（Taylor Rule）：

$$\hat{R}_t = \varphi_r \hat{R}_{t-1} + (1-\varphi_r)(\varphi_h \hat{H}_t + \varphi_y \hat{Y}_t) + \hat{\xi}_t \tag{26}$$

泡沫资产构成：

$$H\hat{H}_t = B\hat{B}_t + U\hat{U}_t \tag{27}$$

物质资本价值：

$$\hat{V}_t = \hat{\rho}_{E_t} + \hat{K}_t \tag{28}$$

利率冲击和泡沫冲击：

$$\hat{\xi}_t = \rho_\xi \hat{\xi}_{t-1} + \varepsilon_t^\xi \tag{29}$$

$$\hat{U}_t = \rho_u \hat{U}_{t-1} + \varepsilon_t^u \tag{30}$$

附录三　命题的证明

对于由式（4.17）—式（4.18）定义的泡沫稳态 $\{Y, C_1, C_2, \rho_E, B, L, K, Y^F\}$，有 $B>0$，$\rho_E^b>0$ 和 $C_1>0$，即 $\rho_E < \left\{\dfrac{R}{\eta}, \dfrac{\frac{1}{R}-1}{\frac{1}{\eta}-1}\right\}$ 且 $R<1$.

重新整理欧拉方程（4.9）和（4.10），可获得

$$F(\rho_E)=\frac{C_1(\rho_E)}{C_2(\rho_E)}-\left(\beta\frac{\frac{1}{\rho_E}+(1+\eta)}{\frac{1}{\rho_E}-\frac{\eta}{R}}\right)^{-\theta} \tag{31}$$

现在，只需要证明 $F(\rho_E)=0$ 在（0，$\bar{\rho}$）有唯一解，其中 $\bar{\rho}$ 表示 ρ_E 的上界（严格意义上说，应用闭区间内连续函数的性质要求［0，$\bar{\rho}$］为闭集。然而，由于能够确定函数 $F(\rho_E)$ 在两端点 $F(0)=\lim_{\rho_E\to 0^+}F(\rho_E)=0$ 和 $F(\bar{\rho})=\lim_{\rho_E\to\bar{\rho}^-}F(\rho_E)$ 保持连续，因此该性质仍然适用）。

对于 $R<\eta$，可知

$$\frac{R}{\eta}<\frac{\frac{1}{R}-1}{\frac{1}{\eta}-1} \tag{32}$$

即意味着 $\rho_E<R/\eta$. 将式（4.19）与式（4.20）联立，立刻有 $\lim_{\rho_E\to 0^+}F(\rho_E)<0$ 和 $\lim_{\rho_E\to(R/\eta)^-}F(\rho_E)>0$。接下来，可以推导函数 $F(\rho_E)$ 单调性的充分条件。对（31）右边的第一项，通过将式（4.19）和式（4.20）分别对 ρ_E 求导，可得

$$\begin{aligned}&\frac{\mathrm{dln}(C_1/C_2)}{\mathrm{dln}\rho_E}\\&=\left\{\frac{\left[1+\left(\frac{\eta}{R}-1\right)A\right]Y}{C_1}-\frac{Y^{\frac{1}{\alpha}}}{\alpha C_1}-\frac{(1-\eta)AY}{C_2}-\frac{Y^{\frac{1}{\alpha}}}{\alpha C_2}\right\}\frac{\mathrm{dln}Y}{\mathrm{dln}\rho_E}\\&\quad+\left\{\frac{\left(\frac{\eta}{R}-1\right)B}{C_1}-\frac{(1-\eta)B}{C_2}\right\}\frac{\mathrm{dln}B}{\mathrm{dln}\rho_E}\end{aligned}$$

$$=G(Y)\frac{\mathrm{dln}Y}{\mathrm{dln}\rho_E}+\left(\frac{\frac{\eta}{R}-1}{C_1}-\frac{1-\eta}{C_2}\right)B\frac{\mathrm{dln}B}{\mathrm{dln}\rho_E}$$

其中 $G(Y)=\frac{\left[1+\left(\frac{\eta}{R}-1\right)\alpha\left(1-\frac{1}{\varepsilon}\right)\right]Y-\frac{1}{\alpha}Y^{\frac{1}{\alpha}}}{C_1}-\frac{(1-\eta)\alpha\left(1-\frac{1}{\varepsilon}\right)Y+\frac{1}{\alpha}Y^{\frac{1}{\alpha}}}{C_2}$. 再由式(4.21)和式(4.18)，可以得到

$$\frac{\mathrm{dln}Y}{\mathrm{dln}\rho_E}=\frac{\alpha}{\alpha-1}<0$$

$$\frac{\mathrm{dln}B}{\mathrm{dln}\rho_E}=\frac{(1-\eta)\left[\eta\left(\frac{1}{R}-1\right)-(1-\eta)\rho_E\right]+(1-\eta)[1+(1-\eta)\rho_E]}{\left[\eta\left(\frac{1}{R}-1\right)-(1-\eta)\rho_E\right]^2}\frac{\rho_E}{B}>0$$

定义 $a=1+\left(\frac{\eta}{R}-1\right)A$ 和 $b=(1-\eta)A$。重新整理 $G(Y)$，可以得到

$$\begin{aligned}\alpha C_1C_2G(Y)&=\alpha^2C_2Y-Y^{\frac{1}{\alpha}}C_2-\alpha bC_1Y-C_1Y^{\frac{1}{\alpha}}\\&=Y^{\frac{1}{\alpha}+1}(\alpha a-b+\alpha b-a)+\left[\alpha a(1-\eta)-\alpha b\left(\frac{\eta}{R}-1\right)\right]YB\\&\quad-\left[(1-\eta)+\left(\frac{\eta}{R}-1\right)\right]Y^{\frac{1}{\alpha}}\\&=(\alpha-1)(a+b)Y^{\frac{1}{\alpha}+1}+\alpha\left[a(1-\eta)-b\left(\frac{\eta}{R}-1\right)\right]YB\\&\quad-\left(\frac{\eta}{R}-\eta\right)Y^{\frac{1}{\alpha}}B\\&=(\alpha-1)(a+b)Y^{\frac{1}{\alpha}+1}+\alpha(1-\eta)YB-\left(\frac{\eta}{R}-\eta\right)Y^{\frac{1}{\alpha}}B\end{aligned}$$

其中最后一个等式由 $a(1-\eta)-b(\eta/R-1)=1-\eta$ 推得。由于 $a+b=1+\eta(1/R-1)A$，可以知道上述等式为负值：

$$(\alpha-1)(a+b)Y^{\frac{1}{\alpha}+1}+\alpha(1-\eta)YB-\left(\frac{\eta}{R}-\eta\right)Y^{\frac{1}{\alpha}}B$$

$$=(\alpha-1)\left[1+\eta\left(\frac{1}{R}-1\right)A\right]Y^{\frac{1}{\alpha}+1}+\alpha(1-\eta)YB-\eta\left(\frac{1}{R}-1\right)Y^{\frac{1}{\alpha}}B$$

$$=(\alpha-1)\left[1+\eta\left(\frac{1}{R}-1\right)A\right]Y^{\frac{1}{\alpha}+1}+YB\left[\alpha(1-\eta)-\eta\left(\frac{1}{R}-1\right)Y^{\frac{1}{\alpha}-1}\right]$$

$$=(\alpha-1)\left[1+\eta\left(\frac{1}{R}-1\right)A\right]Y^{\frac{1}{\alpha}+1}+YB\left[\alpha(1-\eta)-\eta\left(\frac{1}{R}-1\right)\frac{\alpha\left(1-\frac{1}{\varepsilon}\right)}{\rho_E}\right]$$

<0

这样，条件 $R<\dfrac{1}{1+\dfrac{\frac{1}{\eta}-1}{\alpha\left(1-\frac{1}{\varepsilon}\right)}}$ 能够保证 $G(Y)<0$ 且 $\left(\dfrac{\eta}{R}-1\right)-(1-\eta)>0$ 即 $\dfrac{\partial\ln(C_1/C_2)}{\partial\ln\rho_E}>0$。因此，$F(\rho_E)$ 在 $\left(0,\ \dfrac{R}{\eta}\right)$ 上单调递增，且泡沫均衡稳定存在且唯一。

将式（31）对 R 求导，可得：

$$\tilde{G}(Y)\frac{\mathrm{dln}Y}{\mathrm{dln}R}+\left[\frac{\left(\frac{\eta}{R}-1\right)B}{C_1}-\frac{(1-\eta)B}{C_2}\right]\frac{\mathrm{dln}B}{\mathrm{dln}R}=\frac{\frac{\eta}{R}}{\frac{1}{\rho_E}-\frac{\eta}{R}} \tag{33}$$

其中

$$\tilde{G}(Y)=G(Y)-\alpha\left(1-\frac{1}{\varepsilon}\right)\eta Y-\theta\,\frac{1-\alpha}{\alpha}\,\frac{\frac{\eta}{R}+(1-\eta)}{\rho_E}<0$$

$$\frac{\left(\frac{\eta}{R}-1\right)B}{C_1}-\frac{(1-\eta)B}{C_1}>0$$

由于 B 随 ρ_E 递增、Y 随 ρ_E 递减，可以得到 $\mathrm{dln}Y/\mathrm{dln}B<0$ 并最终得到 $\mathrm{dln}B/\mathrm{dln}R>0$.

参考文献

曹广忠等：《土地财政、产业结构演变与税收超常规增长——中国“税收增长之谜”的一个分析视角》2007年第12期。

昌忠泽：《房地产泡沫、金融危机与中国宏观经济政策的调整》，《经济学家》2010年第7期。

陈小亮等：《社会融资规模能否成为货币政策中介目标》，《经济学动态》2016年第9期。

陈彦斌、周业安：《行为资产定价理论综述》，《经济研究》2004年第6期。

陈钊、申洋：《限购政策的空间溢出与土地资源配置效率》，《经济研究》2021年第6期。

蒂莫西·盖特纳：《压力测试——对金融危机的反思》，中信出版社2015年版。

杜润生：《中国农村体制变革重大决策纪实》，人民出版社2005年版。

葛红兵：《建筑：我们这个时代的精神症候》，《探索与争鸣》2003年第2期。

葛扬、眭小燕：《房地产泡沫化机理及其影响研究评述》，《经济学动态》2009年第11期。

龚强等：《财政分权视角下的地方政府债务研究：一个综述》，《经济研究》2011年第7期。

管涛：《货币供应与汇率：中国“货币超发”必然导致人民币

贬值吗?》,《金融研究》2018 年第 12 期。

郭明伟、夏少刚:《资产定价理论发展动态简评》,《经济学动态》2009 年第 11 期。

郭文伟:《中国多层次房价泡沫测度及其驱动因素研究——兼论我国房地产调控政策的实施效果》,《经济学家》2016 年第 10 期。

郭文伟、李嘉琪:《房价泡沫抑制了经济高质量增长吗?——基于 13 个经济圈的经验分析》,《中国软科学》2019 年第 8 期。

韩立彬、陆铭:《供需错配:解开中国房价分化之谜》,《世界经济》2018 年第 10 期。

扈文秀、席酉民:《从众行为与投机性泡沫的关系研究》,《系统工程理论与实践》2001 年第 7 期。

贾生华、李航:《噪声交易者预期与房地产泡沫——基于 35 个大中城市的实证研究》2014 年第 3 期。

康立、龚六堂:《金融摩擦、银行净资产与国际经济危机传导——基于多部门 DSGE 模型分析》,《经济研究》2014 年第 5 期。

况伟大:《房价与地价关系研究:模型及中国数据检验》,《财贸经济》2005 年第 11 期。

况伟大:《预期、投机与中国城市房价波动》,《经济研究》2010 年第 9 期。

兰小欢:《置身事内——中国政府与经济发展》,上海人民出版社 2021 年版。

李春风等:《有限理性、收入差距与房地产价格泡沫研究》,《现代财经》(天津财经大学学报)2019 年第 1 期。

李广子、李玲:《预算软约束与资产价格理性泡沫》,《财经研究》2009 年第 6 期。

林毅夫、李志赟:《政策性负担、道德风险与预算软约束》,《经济研究》2004 年第 2 期。

刘海云、吕龙:《城市房价泡沫及其传染的"波纹"效应》,《中国工业经济》2018 年第 12 期。

刘一楠：《信贷约束、房地产抵押与金融加速器——一个 DSGE 分析框架》，《财经科学》2017 年第 2 期。

陆铭等：《理性还是泡沫：对城市化、移民和房价的经验研究》，《世界经济》2014 年第 1 期。

陆铭等：《偏向中西部的土地供应如何推升了东部的工资》2015 年第 5 期。

吕江林：《我国城市住房市场泡沫水平的度量》，《经济研究》2010 年第 6 期。

马骏、王红林：《政策利率传导机制的理论模型》，《金融研究》2014 年第 12 期。

孟宪春等：《预算软约束、宏观杠杆率与全要素生产率》，《管理世界》2020 年第 8 期。

平新乔：《“预算软约束”的新理论及其计量验证》，《经济研究》1998 年第 10 期。

平新乔、董兴：《售租比、房地产信贷结构与政府调控政策的周期性》，《经济与管理研究》2021 年第 5 期。

沈悦等：《城市房价泡沫与金融稳定性——基于中国 35 个大中城市 PVAR 模型的实证研究》，《当代财经》2019 年第 4 期。

宋玉臣、李洋：《区制转换视阈下系统性风险的积聚、释放与化解——基于投资者情绪驱动的视角》，《财经科学》2020 年第 10 期。

陶然、苏福兵：《经济增长的“中国模式”：两个备择理论假说和一个系统性分析框架》，《比较》2021 年第 3 期。

汪德华、刘立品：《地方隐性债务估算与风险化解》，《中国金融》2019 年第 22 期。

王建：《我国货币流动性过剩之谜》，《宏观经济管理》2007 年第 4 期。

王锦阳、刘锡良：《住宅基本价值、泡沫成分与区域溢出效应》，《经济学（季刊）》2014 年第 4 期。

王永钦等：《中国的大国发展道路——论分权式改革的得失》，

《经济研究》2007 年第 1 期。

熊鹏：《我国货币政策传导过程中的“漏斗”效应与“黑洞”效应——揭开 1998 年后我国货币供给“渗漏”之谜》，《中央财经大学学报》2004 年第 12 期。

徐源浩等：《中国超大规模的 M2 为什么没有引发高通胀——基于内生视角的中国之谜剖析》，《经济学家》2018 年第 4 期。

杨忠海：《理性与非理性金融泡沫理论研究进展》，《经济学动态》2008 年第 7 期。

游家兴、吴静：《沉默的螺旋：媒体情绪与资产误定价》，《经济研究》2012 年第 7 期。

于雪：《房地产价格泡沫与拐点研究——基于日本东京和中国上海的对比分析》，《管理评论》2019 年第 9 期。

余华义、徐晨旻：《地方政府发展工具有限、非理性投机与城市房价泡沫变动》，《社会科学研究》2015 年第 4 期。

张宝林、潘焕学：《影子银行与房地产泡沫：诱发系统性金融风险之源》，《现代财经》（天津财经大学学报）2013 年第 11 期。

张川川等：《“鬼城”下的蜗居：收入不平等与房地产泡沫》，《世界经济》2016 年第 2 期。

张明、孔大鹏：《中国地方政府债务：特征事实、潜在风险与化解策略》，《辽宁大学学报》（哲学社会科学版）2021 年第 4 期。

张炜：《预期、货币政策与房地产泡沫——来自省际房地产市场的经验验证》，《中央财经大学学报》2017 年第 8 期。

张五常：《中国的经济制度》，中信出版社 2009 年版。（原文中引用张五常这本专著时相应改成 2009 年，之前是 2017 年）

赵扶扬、陈斌开：《土地的区域间配置与新发展格局——基于量化空间均衡的研究》，《中国工业经济》2021 年第 8 期。

赵留彦：《理性泡沫与内生货币供给下的恶性通货膨胀：中国 1945—1949》，《经济学（季刊）》2007 年第 1 期。

郑挺国等：《中国城市房价泡沫测度及其时变传染效应研究》，

《世界经济》2021 年第 4 期。

中国经济体制改革研究会：《见证重大改革决策——改革亲历者口述历史》，社会科学文献出版社 2018 年版。

中国人民银行营业管理部课题组：《预算软约束、融资溢价与杠杆率——供给侧结构性改革的微观机理与经济效应研究》，《经济研究》2017 年第 10 期。

周飞舟：《以利为利——财政关系与地方政府行为》，上海三联书店 2012 年版。

周京奎：《信息不对称、信念与金融支持过度——房地产泡沫形成的一个博弈论分析》，《财贸经济》2005 年第 8 期。

周晶、郭明英：《我国 35 个大中城市住房市场泡沫水平测度》，《统计与决策》2020 年第 1 期。

周其仁：《产权与制度变迁——中国改革的经验研究》，北京大学出版社 2004 年版。

周小亮、李广昊：《房价泡沫如何影响经济增长？——基于要素市场扭曲的中介视角》，《现代经济探讨》2021 年第 12 期。

Abel, A. B., Mankiw, N. G., Summers, L. H., Zeckhauser, R. J., "Assessing Dynamic Efficiency: Theory and Evidence", *The Review of Economic Studies*, 1989, 56, 1-19.

Abreu, D., Brunnermeier, M. K., "Bubbles and Crashes", *Econometrica*, 2003, 71, 173-204.

Anas, A., Arnott, R. J., "Dynamic Housing Market Equilibrium with Taste Hetero-geneity, Idiosyncratic Perfect Foresight, and Stock Conversions", *Journal of Housing Economics*, 1991, 1, 2-32.

Auclert, A., "Monetary Policy and the Redistribution Channel", Working Paper No. 23451, National Bureau of Economic Research, 2017.

Barberis, N., Shleifer, A. V. D., Vishny, R. W., "A Model of Investor Sentiment", *Journal of Financial Economics*, 1997, 49, 307-343.

Berger, D. , Guerrieri, V. , Lorenzoni, G. , Vavra, J. , "House Prices and Consumer Spending", *The Review of Economic Studies*, 2017, 85, 1502-1542.

Bernanke, B. S. , Blinder, A. S. , "Credit, Money, and Aggregate Demand", *American Economic Review*, 1988, 78, 435-439.

Bernanke, B. S. , Gertler, M. , Gilchrist, S. , "The Financial Accelerator in a Quanti-tative Business Cycle Framework", in: Taylor, J. B. , Woodford, M. (Eds.), Handbook of Macroeconomics. Elsevier, Volume 1. chapter 21, 1999.

Bernanke, B. S. , Gertler, M. , "Inside the Black Box: The Credit Channel of Mone-tary Policy Transmission", *Journal of Economic Perspectives*, 1995, 9, 27-48.

Bernanke, B. S. , Gertler, M. , Monetary Policy and Asset Price Volatility, Working Paper No. 7559, National Bureau of Economic Research, 2000.

Bernanke, B. S. , Gertler, M. , "Should Central Banks Respond to Movements in Asset Prices?" *American Economic Review*, 2001, 91, 253-257.

Bernanke, B. S. , Laubach, T. , Mishkin, F. S. , Posen, A. S. , *Inflation Targeting: Lessons from the International Experience*, Princeton University Press, 2018.

Blanchard, O. , Watson, M. , Bubbles, Rational Expectations and Financial Markets, Working Paper No. 0945. National Bureau of Economic Research, 1982.

Borio, C. , Zhu, H. , "Capital Regulation, Risk-Taking and Monetary Policy: A Missing Link in the Transmission Mechanism?" *Journal of Financial Stability*, 2012, 8, 236-251.

Brunnermeier, M. , *Asset Pricing Under Asymmetric Information: Bubbles, Crashes, Technical Analysis, and Herding*, Oxford University

Press, 2001.

Brunnermeier, M., Schnabel, I., *Central Banks at a Crossroads: What Can We Learn from History*, Cambridge University Press., 2016.

Brunnermeier, M. K., Julliard, C., "Money Illusion and Housing Frenzies", *The Review of Financial Studies*, 2008, 21, 135-180.

Brunnermeier, M. K., Sannikov, Y., "The I Theory of Money", Working Paper No. 22533, National Bureau of Economic Research, 2016.

Canova, F., "Modelling and Forecasting Exchange Rates with a Bayesian Time-Varying Coefficient Model", *Journal of Economic Dynamics and Control*, 1993, 17, 233-261.

Carlstrom, C. T., Fuerst, T. S., "Agency Costs, Net Worth, and Business Fluctuations: A Computable General Equilibrium Analysis", *American Economic Review*, 1997, 87, 893-910.

Cecchetti, S. G., Genberg, H., Lipsky, J., Wadhwani, S., "Asset Prices and Central Bank Policy", *Centre for Economic Policy Research*, 2000.

Chang, C., Chen, K., Waggoner, D. F., Zha, T., "Trends and Cycles in China's Macroeconomy", *NBER Macroeconomics Annual*, 2016, 30, 1-84.

Chen, K., Higgins, P., Waggoner, D. F., Zha, T., Impacts of Monetary Stimulus on Credit Allocation and Macroeconomy: Evidence from China, Working Paper No. 22650. National Bureau of Economic Research, 2016.

Chen, K., Ren, J., Zha, T., "The Nexus of Monetary Policy and Shadow Banking in China", *American Economic Review*, 2018, 108, 3891-3936.

Chen, K., Wen, Y., "The Great Housing Boom of China", *American Economic Journal: Macroeconomics*, 2017, 9, 73-114.

Chinco, A., Mayer, C., "Distant Speculators and Asset Bubbles in the Housing Market", Columbia Business School Mimeo, 2012 (Unpublishecl).

Chow, H. K., Choy, K. M., "Monetary Policy and Asset Prices in a Small Open Economy: A Factor-Augmented VAR Analysis for Singapore", *Annals of Financial Economics*, 2009, 5, 1-23.

Christiano, L. J., Eichenbaum, M. S., Trabandt, M., "On DSGE Models", *Journal of Economic Perspectives*, 2018, 32, 113-40.

Clarida, R., Galí, J., Gertler, M., "The Science of Monetary Policy: A New Key-nesian Perspective", *Journal of Economic Literature*, 1999, 37, 1661-1707.

Cochrane, J. H., *Asset Pricing: Revised Edition*, Princeton UniversityPress, 2009.

Cogley, T., Sargent, T. J., "Drift and Volatilities: Monetary Policies and Outcomes in the Post WWII U. S.", *Review of Economic Dynamics*, 2005, 8, 262-302.

Coibion, O., Gorodnichenko, Y., Kueng, L., Silvia, J., "Innocent Bystanders? Monetary Policy and Inequality", *Journal of Monetary Economics*, 2017, 88, 70-89.

Collyns, C., Senhadji, A. S., Lending Booms, Real Estate Bubbles and the Asian Crisis, Working Paper No. (2002/020), International Monetary Fund, 2002.

De Grauwe, P., "There is More to Central Banking than Inflation Targeting", *The First Global Financial Crisis of the 21st Century*, 2008, 159.

De Long, J. B., Shleifer, A., Summers, L. H., Waldmann, R. J., "Positive Feedback Investment Strategies and Destabilizing Rational Speculation", *Journal of Finance*, 1990, 45, 379-395.

Dewatripont, M., Maskin, E., "Credit and Efficiency in Centralized and Decen-tralized Economies", *The Review of Economic Studies*,

1995, 62, 541-555.

Dib, A., Banks, Credit Market Frictions, and Business Cycles, Working Paper No. 24, Bank of Canada, 2010.

Diba, B. T., Grossman, H. I., "The Theory of Rational Bubbles in Stock Prices", *Economic Journal*, 1988, 98, 746-754.

Dixit, A. K., Stiglitz, J. E., "Monopolistic Competition and Optimum Product Di - versity", *American Economic Review*, 1977, 67, 297-308.

Dolado, J. J., Motyovszki, G., Pappa, E., "Monetary Policy and Inequality under Labor Market Frictions and Capital-Skill Complementarity", *American Economic Journal: Macroeco nomics*, 2021, 13 (2): 292-332.

D'Agostino, A., Gambetti, L., Giannone, D., "Macroeconomic Forecasting and Structural Change", *Journal of Applied Econometrics*, 2013, 28, 82-101.

Etheridge, B., "House Prices and Consumer Inequality", *International Economic Review*, 2019, 60, 1781-1822.

Fang, H., Gu, Q., Xiong, W., Zhou, L., "Demystifying the Chinese Housing Boom", *NBER Macroeconomics Annual*, 2015, 30, 105-166.

Farhi, E., Tirole, J., "Bubbly Liquidity", *The Review of Economic Studies*, 2011, 79, 678-706.

Fisher, I., *The Rate of Interest, It's Nature, Determination and Relation to Economic Phenvomena*, Macmillam, 1907.

Fisher, I., "The Debt-Deflation Theory of Great Depressions", *Econometrica*, 1933, 1, 337-357.

Galí, J., "Monetary Policy and Rational Asset Price Bubbles", *American Economic Review*, 2014, 104, 721-52.

Gallagher, K. S., "The River Runs Black: The Environmental

Challenge to China's Future", *The Journal of Asian Studies*, 2006, 65, 403-404.

Galí, J., Monetary Policy, *Inflation, and the Business Cycle: An Introduction to the New Keynesian Framework and its Applications*, Princeton University Press, 2015.

Gambacorta, L., "Monetary Policy and the Risk-Taking Channel", *BIS Quarterly Review*, 2009, 12, 43-53.

Gan, J., "The Real Effects of Asset Market Bubbles: Loan-and Firm-Level Evi-dence of a Lending Channel", *The Review of Financial Studies*, 2007, 20, 1941-1973.

Garber, P. M., *Famous First Bubbles: The Fundamentals of Early Manias*, The MIT Press, 2001.

Genesove, D., Han, L., "Search and Matching in the Housing Market", *Journal of Urban Economics*, 2012, 72, 31-45.

Gerali, A., Neri, S., Sessa, L., Signoretti, F. M., "Credit and Banking in a DSGE Model of the Euro Area", *Journal of Money, Credit and Banking*, 2010, 42, 107-141.

Gertler, M., Bernanke, B., "Agency Costs, Net Worth and Business Fluctuations", *American Economic Review*, 1989, 79, 14-31.

Gertler, M., Kiyotaki, N., "Financial Intermediation and Credit Policy in Business Cycle Analysis", *Handbook of Monetary Economics*, 2010, 3, 547-599.

Goodfriend, M., King, R. G., "The New Neoclassical Synthesis and the Role of Monetary Policy", *NBER Macroeconomics Annual*, 1997, 12, 231-283.

Goodfriend, M., McCallum, B. T., "Banking and Interest Rates in Monetary Policy Analysis: A Quantitative Exploration", *Journal of Monetary Economics*, 2007, 54, 1480-1507.

Goodhart, C. A. E., "Price Stability and Financial Fragility", *Fi-*

nancial Stability in a Changing Environment, 1995, 439–509.

Gornemann, N., Kuester, K., Nakajima, M., Doves for the Rich, Hawks for the Poor? Distributional Consequences of Monetary Policy, Working Papers No. 1167, Federal Reserve System, 2021.

Gourio, F., Kashyap, A. K., Sim, J. W., "The Tradeoffs in Leaning Against the Wind", *IMF Economic Review*, 2018, 66, 70–115.

Graeve, F. D., "The External Finance Premium and the Macroeconomy: U. S. Post-WWII Evidence", *Journal of Economic Dynamics and Control*, 2008, 32, 3415–3440.

Greenwald, B. C., Stiglitz, J. E., "Financial Market Imperfections and Business Cycles", *The Quarterly Journal of Economics*, 1993, 108, 77–114.

Guerrieri, L., Iacoviello, M., "Collateral Constraints and Macroeconomic Asym-metries", *Journal of Monetary Economics*, 2017, 90, 28–49.

Hansen, L. P., "Large Sample Properties of Generalized Method of Moments Esti-mators", *Econometrica*, 1982, 50, 1029–1054.

Harrod, R., *Money*, Palgrave Macmillan, 1969.

Hart, O., Moore, J., "A Theory of Debt Based on the Inalienability of Human Capital", *The Quarterly Journal of Economics*, 1994, 109, 841–879.

Herrera, S., García, C., "User's Guide to an Early Warning System for Macroeco-nomic Vulnerability in Latin American Countries", *Journal of Economics*, 1998, 98, 463–484.

Higgins, P., Zha, T., Zhong, W., "Forecasting China's Economic Growth and Inflation", *China Economic Review*, 2016, 41, 46–61.

Holmström, B., Tirole, J., "Private and Public Supply of Liquidity", *Journal of Political Economy*, 1998, 106, 1–40.

Hui, E., Yue, S., "Housing Price Bubbles in Hong Kong, Beijing and Shanghai: A Comparative Study", *The Journal of Real Estate Finance and Economics*, 2006, 33, 299–327.

Hunter W., Kaufman G., Pomerleano M., *The Implications for Monetary, Regnlatory, and International Poliuies*, The MIT Press, 2003.

Iacoviello, M., "House Prices, Borrowing Constraints, and Monetary Policy in the Business Cycle", *American Economic Review*, 2005, 95, 739–764.

Inui, M., Sudo, N., Yamada, T., The Effects of Monetary Policy Shocks on In–equality in Japan, Working Paper No. 642, Bank for International Settlements, 2017.

Ito, T., Monetary Policy and Financial Stability: Is Inflation Targeting Passé? Working Paper No. 206, Asian Development Bank, 2010.

J. Bradford De Long, Andrei Shleifer, L. H. S., Waldmann, R. J., "Noise Trader Risk in Financial Markets", *Journal of Political Economy*, 1990, 98, 703–738.

Jensen, M. C., Meckling, W. H., "Theory of the Firm: Managerial Behavior, Agency Costs and Ownership Structure", *Journal of Financial Economics*, 1976, 3, 305–360.

Jermann, U., Quadrini, V., "Macroeconomic Effects of Financial Shocks", *Ameri–can Economic Review*, 2012, 102, 238–71.

Juselius, M., Borio, C. E., Disyatat, P., Drehmann, M., "Monetary Policy, the Fi–nancial Cycle and Ultra–Low Interest Rates", *International Journal of Central Banking*, 2017, 13, 55–89.

Kaplan, G., Violante, G. L., Weidner, J., "The Wealthy Hand–to–Mouth", *Brookings Papers on Economic Activity*, 2014, 77–153.

Kent, C., Lowe, P., "Asset–Price Bubbles and Monetary Policy", Reserve Bank of Australia, 1997.

Keynes, J. M., *The General Theory of Employment, Interest and*

Money, Palgrave Macmillan, 1936.

Kim, S., Shephard, N., Chib, S., "Stochastic Volatility: Likelihood Inference and Comparison with ARCH Models", *The Review of Economic Studies*, 1998, 65, 361-393.

Kindleberger, C. P., Aliber, R. Z., Manias, *Panics and Crashes: A History of Fi-nancial Crises*, Palgrave Macmillan, 2011.

Kiyotaki, N., Moore, J., "Credit Cycles", *Journal of Political Economy*, 1997, 105, 211-248.

Kiyotaki, N., Moore, J., "Liquidity and Asset Prices", *International Economic Review*, 2005, 46, 317-349.

Kiyotaki, N., Moore, J., "Liquidity, Business Cycles, and Monetary Policy", *Journal of Political Economy*, 2019, 127 (6), 2926-2966.

Kocherlakota, N., "Bursting Bubbles: Consequences and Cures", Federal Reserve Bank of Minneapolis, 2009.

Kornai, J., "Resource-Constrained versus Demand-Constrained Systems", *Econo-metrica*, 1979, 47, 801-819.

Kornai, J., "'Hard' and 'Soft' Budget Constraint", *Acta Oeconomica*, 1980, 25, 231-245.

Kornai, J., Maskin, E., Roland, G., "Understanding the Soft Budget Constraint", *Journal of Economic Literature*, 2003, 41, 1095-1136.

Kydland, F. E., Prescott, E. C., "Time to Build and Aggregate Fluctuations", *Econo-metrica*, 1982, 50, 1345-1370.

Leece, D., *Economics of the Mortgage Market: Perspectives on Household De-cision Making*, Wiley-Blackwell, 2008.

Liu, C., Ou, Z., What Determines China's Housing Price Dynamics? New Evi-dence from a DSGE-VAR, Working Paper. Cardiff University, 2017.

Lucas, R. E. , "Econometric Policy Evaluation: A Critique", Carnegie-Rochester Conference Series on Public Policy, 1976, 1, 19-46.

Lútkepohl, H. , *New Introduction to Multiple Time Series Analysis*, Springer Science & Business Media, 2005.

Mankiw, N. , *Principles of Economics*, Cengage Learning, 2014.

Mankiw, N. G. , "Small Menu Costs and Large Business Cycles: A Macroeconomic Model of Monopoly", *The Quarterly Journal of Economics*, 1985, 100, 529-537.

Martin, A. , Ventura, J. , "Economic Growth with Bubbles", *American Economic Review*, 2012, 102, 3033-58.

Martin, A. , Ventura, J. , "Managing Credit Bubbles", *Journal of the European Economic Association*, 2016, 14, 753-789.

Martin, A. , Ventura, J. , "The Macroeconomics of Rational Bubbles: A User's Guide", *Annual Review of Economics*, 2018, 10, 505-539.

Martin, C. , Milas, C. , "Modelling Monetary Policy: Inflation Targeting in Practice", *Economica*, 2004, 71, 209-221.

Meltzer, A. , *Rational and Irrational Bubbles*, Carnegie Mellon University, 2002.

Miao, J. , Wang, P. , "Bubbles and Total Factor Productivity", *American Economic Review*, 2012, 102, 82-87.

Miao, J. , Wang, P. , "Sectoral Bubbles, Misallocation, and Endogenous Growth", *Journal of Mathematical Economics*, 2014, 53, 153-163.

Miao, J. , Wang, P. , "Asset Bubbles and Credit Constraints", *American Economic Review*, 2018, 108, 2590-2628.

Minsky, H. , *Can "It" Happen Again? Essays on Instability and Finance*, Rout-ledge, 2016.

Mishkin, F. S. , The Channels of Monetary Transmission: Lessons for Monetary Policy, Working Papers No. 5464, National Bureau of Economic Research, 1996.

Mishkin, F. S. , How Should We Respond to Asset Price Bubbles? *Financial Stability Review*, 2008, 12, 65-74.

Mishkin, F. S. , White, E. N. , U. S. Stock Market Crashes and Their Aftermath: Implications for Monetary Policy, Working Paper No. 8992. National Bureau of Eco-nomic Research, 2002.

Motto, R. , Rostagno, M. , Christiano, L. J. , Financial Factors in Business Cycles, Working Paper No. 52, Society for Economic Dynamics, 2008.

Nakajima, J. , "Time-Varying Parameter VAR Model with Stochastic Volatility: An Overview of Methodology and Empirical Applications", *Monetary and Economic Studies*, 2011, 29, 107-142.

Newman, P. , Milgate, M. , Eatwell, J. , *The New Palgrave Dictionary of Money & Finance*, Palgrave Macmillan, 1992.

Nie, J. , "Gauging the Strength of Chinese GDP Growth", Macro Bulletin, 1-3, 2016.

Nneji, O. , Brooks, C. , Ward, C. , "Intrinsic and Rational Speculative Bubbles in the U. S. Housing Market: 1960-2011", *Journal of Real Estate Research*, 2013, 35, 121-151.

Okina, K. , Shiratsuka, S. , "Asset Price Bubbles, Price Stability, and Monetary Policy: Japan's Experience", *Monetary and Economic Studies*, 2002, 20, 35-76.

Olsen, ø. , Integrating Financial Stability and Monetary Policy Analysis: Speech at the London School of Economics, 2015.

Pearson, N. , Y. Z. , Zhang, Q. , Evidence about Bubble Mechanisms: Precipitating Event, Feedback Trading, and Social Contagion, Working Paper, Univ. Illinois, Urbana-Champaign, 2017.

Pesce, M. A. , "Transmission Mechanisms for Monetary Policy in

Emerging Market Economies: What is New?" Bank for International Settlements, 2008, 35, 131-137.

Phelps, E. S., Taylor, J. B., "Stabilizing Powers of Monetary Policy under Rational Expectations", *Journal of Political Economy*, 1977, 85, 163-190.

Phillips, P. C. B., Shi, S., Yu, J., "Testing for Multiple Bubbles: Historical Episodes of Exuberance and Collapse in the S&P 500", *International Economic Review*, 2015a, 56, 1043-1078.

Phillips, P. C. B., Shi, S., Yu, J., "Testing for Multiple Bubbles: Limit Theory of Real-time Detectors", *International Economic Review*, 2015b, 56, 1079-1134.

Phillips, P. C. B., Wu, Y., Yu, J., "Explosive Behavior in the 1990s Nasdaq: When Did Exuberance Escalate Asset Values?" *International Economic Review*, 2011, 52, 201-226.

Poole, W., "Optimal Choice of Monetary Policy Instruments in a Simple Stochastic Macro Model", *The Quarterly Journal of Economics*, 1970, 84, 197-216.

Poterba, J. M., Weil, D. N., Shiller, R., "House Price Dynamics: The Role of Tax Policy and Demography", *Brookings Papers on Economic Activity*, 1991, 143-203.

Primiceri, G. E., "Time Varying Structural Vector Autoregressions and Monetary Policy", *The Review of Economic Studies*, 2005, 72, 821-852.

Rajan, R. G., "Has Finance Made the World Riskier?" *European Financial Man-agement*, 2006, 12, 499-533.

Reinhart, C. M., Rogoff, K. S., "Is the 2007 U. S. Sub-prime Financial Crisis So Different? An International Historical Comparison", *American Economic Review*, 2008, 98, 339-44.

Reinhart, V., Planning to Protect Against Asset Bubbles, Asset

Price Bubbles: The Implications for Monetary, Regulatory, and International Policies, 2005, 553-560.

Robinson, J. A., Torvik, R., "A Political Economy Theory of the Soft Budget Con-straint", *European Economic Review*, 2009, 53, 786-798.

Rotemberg, J. J., "Sticky Prices in the United States", *Journal of Political Economy*, 1982, 90, 1187-1211.

Samuelson, P. A., "An Exact Consumption-Loan Model of Interest with or without the Social Contrivance of Money", *Journal of Political Economy*, 1958, 66, 467-482.

Sargent, T. J., Wallace, N., "'Rational' Expectations, the Optimal Monetary In-strument, and the Optimal Money Supply Rule", *Journal of Political Economy*, 1975, 83, 241-254.

Scheinkman, J., Xiong, W., "Overconfidence and Speculative Bubbles", *Journal of Political Economy*, 2003, 111, 1183-1220.

Segura-García Del Río, B., Perez-Salas, J., Cervello-Royo, R., "Land Value and Returns on Farmlands: An Analysis by Spanish Autonomous Regions", *Spanish Jour-nal of Agricultural Research*, 2012, 10, 271-280.

Shiller, R., *Speculative Booms and Crashes*, Palgrave Macmillan UK, London, 1996, 58-74.

Shiller, R., *Irrational Exuberance*, Princeton University Press, 2005.

Smets, F., "Financial Stability and Monetary Policy: How Closely Interlinked?" *International Journal of Central Banking*, 2014, 10, 263-300.

Smets, F., Wouters, R., *An Estimated Stochastic Dynamic General Equilibrium Model of the Euro Area*, Social Science Electronic Publishing, 2002, 1, 1123-1175.

Smets, F., Wouters, R., "Shocks and Frictions in US Business Cycles: A Bayesian DSGE Approach", *American Economic Review*, 2007, 97, 586-606.

Snowdon, B., Vane, H. R. (Eds.), *An Encyclopedia of Macroeconomics*, Edward Elgar Publishing, 2002.

Song, Z., Storesletten, K., Zilibotti, F., "Growing like China", *American Economic Review*, 2011, 101, 196-233.

Spiegel, H., *The Growth of Economic Thought*, Duke Uni-versity Press, 1991.

Sterk, V., Tenreyro, S., "The Transmission of Monetary Policy Through Redistri-butions and Durable Purchases", *Journal of Monetary Economics*, 2018, 99, 124-137.

Stiglitz, J. E., Weiss, A., "Credit Rationing in Markets with Imperfect Information", *American Economic Review*, 1981, 71, 393-410.

Summers, L. H., "Does the Stock Market Rationally Reflect Fundamental Values", *Journal of Finance*, 1986, 41, 591-601.

Svensson, L. E., "Cost-Benefit Analysis of Leaning Against the Wind", *Journal of Monetary Economics*, 2017, 90, 193-213.

Taylor, J., *Monetary Policy Rules*, University of Chicago Press, 2007.

Taylor, J. B., Staggered Price and Wage Setting in Macroeconomics, Handbook of Macroeconomics, 1999, 1, 1009-1050.

Tirole, J., "Asset Bubbles and Overlapping Generations", *Econometrica*, 1985, 53, 1499-1528.

Tobin, J., *Asset Accumulation and Economic Activity: Reflections on Contem-porary Macroeconomic Theory*, University of Chicago Press, 1982.

Uhlig, H., A Toolkit for Analyzing Nonlinear Dynamic Stochastic Models Easily, Working Paper No. 101. Federal Reserve Bank of Minneapolis, 1995.

Wang, P., Wen, Y., "Speculative Bubbles and Financial Crises", *American Eco-nomic Journal: Macroeconomics*, 2012, 4, 184-221.

Wicksell, K., *Interest and Prices*, Palgrave Macmillan, 1936.

Wong, A., "Transmission of Monetary Policy to Consumption and Population Aging", Manuscript, Princeton University, 2018.

Woodford, M., "Convergence in Macroeconomics: Elements of the New Synthe-sis", *American Economic Journal: Macroeconomics*, 2009, 1, 267-279.

Woodford, M., Inflation Targeting and Financial Stability, Working Papers No. 17967, National Bureau of Economic Research, 2012.

Yu, Z., Heterogeneity and Dynamics in China's Emerging Urban Housing Market: Two Sides of a Success Story from the Late 1990s, *Habitat International*, 2006, 30, 277-304.

索　　引